本当はこうだった！

三国志の嘘と真実

三国時代の歴史地図

 イラスト：菊馳さしみ（北伐）

本当のことが知りたい！

「三国志」の人気は、今なおすごい！　コーエーテクモゲームスのゲームソフト『三國志』シリーズやドラマ『三国志 Three Kingdoms』、横山光輝のコミックス『三国志』はいうまでもなく、様々な「三国志」本が次々と発売されて売れている。出版不況が取りざたされる状況の中でのこの現象は、不思議としか言いようがない。

三国時代とは、魏呉蜀《ぎごしょく》の三国が天下取りを目ざして三つ巴の戦いを繰り返してきた激動の時代である。「黄巾《こうきん》の乱」を皮切りとして、呉最後の皇帝・孫皓《そんこう》が降伏するまでのわずか百年にも満たない歴史のひとコマで、悠久の中国の長い歴史から見れば、ほんの瞬きにしか過ぎない。それにもかかわらず、名将たちがきら星のごとく現れ、武勇の限りを尽くして華々しく散っていったのだ。そんな男たちの潔さに、男たるもの「こうあるべし」との思いを抱く人が多いからなのかもしれない。

また、桃園において劉備《りゅうび》、関羽、張飛が義兄弟の契りを結び、関羽が重さ18kgもの青龍偃月刀《えんげつとう》を振り回して袁紹《えんしょう》配下の顔良ばかりか文醜まで討ち取り、張飛が長坂橋の上で仁王立ちになって魏の大軍を追い払う。さらには「赤壁の戦い」を前に、諸葛亮《しょかつりょう》が「奇門遁《とん》甲《こう》の術」を用いて東風を吹き寄せるなど、胸のすくような逸話がそこかしこに点在。つい引き込まれて、時を忘れて一気に読まされてしまうことも多い。

ただし、三国志ファンを魅了し続けるこれらの逸話はいうまでもなく小説『三国志演義』がもとになったもので、関羽が顔良を討ち取った以外はすべて作り話である。残念ながら、とある歴史家の弁を借りれば、その3割が「嘘」である。そればかりか、実は面白い話ほど「嘘」の可能性が高いというのが実情なのだ。

となれば、「本当のことが知りたい！」という思いにかられてくるのも当然だろう。『演義』に登場する名将たちって、本当はどんな人物だったの？」「三国時代って、本当はどんな時代だったの？」といった素朴な疑問が沸々と湧いてきても不思議はない。ここでは、そんな「史実が知りたい！」という欲求に答えるため、『演義』に記された「嘘」を見出して「真実」を解き明かしていくよう工夫している。その多くを正史『三国志』に記された記述と対比させて解説した。ただし、必ずしも正史が史実を語っているとは言い切れないということも付け加えておきたい（この点に関しては20ページを参照のこと）。

CONTENTS

本当はこうだった！　三国志の嘘と真実

後漢末期～三国時代の歴史年表

西暦	出来事
155年	曹操が生まれる
156年	孫堅が生まれる(155年生まれ説もあり)
158年	南匈奴、烏丸、鮮卑が反乱を起こす
161年	劉備が生まれる。売官が始まる
167年	第一次党錮事件が起きる。恒帝が崩御して霊帝が即位する
169年	第二次党錮事件が起きる
174年	曹操が孝簾に推挙されて洛陽北部尉となる
175年	孫策、周瑜生まれる
179年	疫病が流行する。司馬懿が生まれる
180年	何氏が皇后となり、兄の何進が侍中となる
181年	諸葛亮生まれる
182年	孫権生まれる
184年	張角らが蜂起して、黄巾の乱が起きる
189年	霊帝が崩御し、劉辯が即位する(少帝)。何進が殺害される。董卓が献帝を擁立
190年	袁紹、袁術、曹操、孫堅らが反董卓連合を結成する。董卓が長安に都を遷す
193年	曹操の徐州討伐が始まる
195年	曹操が定陶で呂布を破る
196年	劉備が呂布と戦って敗れ、曹操に身を寄せる
198年	呂布が陳宮とともに首を刎ねられる
200年	白馬延津の戦い。官渡の戦い
201年	劉備が曹操に敗れて劉表のもとに身を寄せる
207年	劉備が三顧の礼をもって諸葛亮を迎え入れる
208年	長坂坡の戦い。赤壁の戦い。江陵の戦い。荊州4郡平定戦
209年	劉備が荊州の牧となり、孫権の妹を娶る
213年	曹操が魏公となる
214年	劉備が劉璋を降して益州を領有する
216年	曹操が魏王となる
219年	黄忠が夏侯淵を斬る(定軍山の戦い)。関羽が首を刎ねられる
220年	曹操が死去。曹丕が帝位に即く
221年	劉備が皇帝に即位する。張飛が部下に殺害される。夷陵の戦い
223年	劉備が永安宮で崩御。劉禅が即位する
225年	諸葛亮が南中を征伐して4郡を平定する
228年	諸葛亮の北伐が始まる
234年	諸葛亮が五丈原で死去。魏延が誅殺される
249年	司馬懿がクーデターを起こして曹爽一族を皆殺しにする
253年	姜維の北伐がはじまる
263年	劉禅が降伏
265年	司馬炎が帝位に即く
280年	孫皓が降伏

序章
三国志とは

謎 『三国志』って？

真実は？

羅貫中が著した『三国志演義』に記された3割の虚構に要注意！

「同年同月同日に生まれんことは得ずとも、願わくば同年同月同日に死せん！」

かつて栄華を誇った漢王朝の権威も衰えはじめた2世紀後半、意気投合した荒くれ男たちが、とある桃園において、こう誓いをたてて義兄弟の契りを結んだ。男たちとは、中山靖王《せいおう》の末裔《まつえい》とはいえ、没落してわらじ売りに身をやつしていた劉備と、豪傑・関羽、張飛の三人である。決意を固めた男たちは、世にはびこっていた黄巾賊を討伐せんと、武器を携えて、戦いに挑んでいく――。

義に熱い男たちの心をわしづかみにし続けているこの名シーンは、『三国志演義』の冒頭に記されたものであるが、ご存知の通り、これは明代の作家・羅貫中が講談などで言い

正史『三国志』

編纂期▶3世紀後半
著者▶陳寿（233～297年）
注釈▶裴松之（372～451年）
構成▶『魏書』30巻、『蜀書』15巻、『呉書』20巻
内容▶魏を正統として「本紀」を設け、蜀、呉は「列伝」で紹介

小説『三国志演義』

著作期▶14世紀
著者▶羅貫中
改訂▶毛宗崗父子
構成▶第1回の桃園結義から120回の孫皓降参まで、全120話を創作
内容▶蜀を正統と見なし、劉備を忠義の人、曹操を冷徹な悪の権化として小説化

伝えられた話などをもとにまとめた作り話である。同書では、その後この三義兄弟に智謀の軍師・諸葛亮らが加わって、奸雄・曹操らとの対決が打ち続いていく。

日本での三国志ブームの火付け役となった吉川英治『三国志』をはじめ、横山光輝のコミック『三国志』、コーエーテクモゲームスのゲームソフト『三國志』シリーズ、映画『レッドクリフ』やドラマ『三国志 Three Kingdoms』にいたるまで、多くがこの小説『三国志演義』をもとに、構成し直されているのである。そのため、三国志といえば、多くの人が今なお、この本に記されたストーリーを思い浮かべてしまうのだ。

しかし、はからずも清代の史学者・章学誠が「七分の事実、三分の虚構」と評したように、そこには3割もの作り話が加わっていることを忘れてはならない。それらは、単に読者の興味を引くために作り上げたものであることを肝に命じるべきで、間違ってもそれが当時の歴史であったかのように誤解してもらっては困るのである。

謎

『三国志演義』は世界最古のハードボイルド？

真実は？

豪傑が八面六臂の活躍をする逸話の大半が虚構でタフな面々ばかりが登場する小説であった！

重さ82斤（18kg）もの青龍偃月刀を振り回して敵将・文醜の首を斬り落とした関羽や、一丈八尺（4・1m）もの蛇矛《じゃぼう》を振り回しながら長坂橋に仁王立ちになって魏の大将をも追い返した張飛をはじめ、英雄、豪傑が随所で八面六臂《はちめんろっぴ》の活躍ぶりを披露するという小説『三国志演義』。そこに記された数々の逸話のうち3割が虚構となれば、残り7割が事実といえそうだが、実のところ、『演義』の「嘘」は、それだけに留まらない。残念ながら、読者がワクワクするような逸話の大半が、虚構といえるものなのだから頭を抱えてしまうのである。右に記した関羽、張飛活躍の物語はもとより、「赤壁の戦い」において諸葛亮（孔明）が「奇門遁甲の術」で東南の風を呼び起こして「赤壁の戦い」に貢献する話や、

『三国志演義』をもとにした本、ゲーム、ブルーレイ

ブルーレイ『三国志 Three Kingdoms』
発売 エスピーオー
製作費25億円、製作期間6年、のべ15万人を越えるエキストラを動員して制作されたアジア史上最高の超大作ドラマのブルーレイ。全9巻、95話にまとめられている。

『三国志』吉川英治 著
三国志ブームの火付け役ともいえる名著。1939～1943年に中外商業新報（現日本経済新聞）に新聞小説として連載されて人気を博した。

ゲームソフト『三國志』シリーズ
コーエーテクモゲームス
1985年の発売開始から30余年にわたって人気を博し続けている国盗り型のシミュレーションゲーム。プレイヤー自身が群雄のひとりとなって中国統一を目指していく。

『三国志』横山光輝 著
1971～1986年に潮出版社『希望の友』で連載された後、全60巻として単行本化され、今も根強い人気を誇っている。蜀の滅亡までを描く。

孫策が于吉《うきつ》に、曹操が関羽に呪い殺された話、孔明が奇抜な策を弄して10万本の矢を得た話、龐統《ほうとう》が「連環の計」を用いて曹操船団の動きを封じ込めた話、さらには、関羽が「赤壁の戦い」に敗れて落ち延びる曹操を見逃したというような話にいたるまで、ことごとく史実ではない。羅貫中が、それまで流布してきた荒唐無稽な伝承や説話、講談をもとにでっち上げた作り話だったのだから、史実を知りたいと願う者にとっては迷惑なことこの上ない。

ちなみに、ニヒルな関羽が、曹操から注がれた酒が冷めぬうちに董卓《とうたく》の武将・華雄の首を一刀のもとに斬り落としたり、放浪中の劉備をもてなそうと、劉安が妻を殺して、狼の肉と偽ってその肉を劉備に振る舞ったり、曹操が父を殺された腹いせに徐州の住民を大量殺害しても意に介さず、死者陶謙の墓をも暴いて辱め

るシーンも登場。冷酷非情で、軟弱な思いやりなど一切拒否した強靭な精神力を有するタフな面々ばかりが登場するという、三国志版ハードボイルドともいうべき脚色であったことには注視すべき点もある。

通俗三国志之内呂布追董卓庭与轄（歌川国芳）より

なお、著者とされる羅貫中がどのような人物であったのかは、実のところ不明。生没年はもとより、生誕地さえ山西省太原説や山東省東原説、浙江《せっこう》省銭塘《せんとう》説など様々で、特定されていないのが実状である。一説によると『水滸伝《すいこでん》』も著した（あるいは編した）ともいわれている。明代の学者・王圻《おうき》が著した『稗史彙編《ひしかいへん》』には、羅貫中が元末の軍閥・張士誠の幕客として招かれていたとの記録もある。張士誠は後に呉王を自称したものの明の朱元璋《しゅげんしょう》に滅ぼされた人物で、羅貫中も、豊富な財力を有する張士誠の庇護の元、自由に筆を走らせることができたとも推測されている。ただし、それを記した王圻自身が「でたらめが多い」と評された人であったところから、それがどこまで信用度の高い話なのかは不明である。

『三国志演義』のあらすじ一覧

回数	あらすじ
第1回	劉備、関羽、張飛が桃園で義兄弟の契りを結ぶ
第2回	張飛が傲慢な督郵を鞭打つ
第3～4回	董卓の登場。漢帝を廃して横暴を働く
第5回	張飛、関羽、劉備が次々と呂布に立ち向かう「三英戦呂布」の場面
第6～7回	孫堅が玉璽を手に入れた後、劉表を撃つ
第8～9回	王允の連環の計が実って、呂布が董卓を殺害する
第10～12回	曹操が軍を起こし、大いに呂布と戦う
第15回	太史慈が小覇王と戦う
第19回	白門楼にて呂布が命を落とす
第21回	曹操、酒を煮て英雄を論じる
第26～27回	関羽、千里単騎で走り、五関六将を斬る
第29回	小覇王孫策が死去し、孫権が跡を継ぐ
第30回	曹操と袁紹の天下分け目の戦い「官渡の戦い」の大決戦が始まる
第34回	劉備が愛馬的盧にまたがって檀渓を越える
第36～38回	劉備が「三顧の礼」をもって伏龍を得る
第41～42回	趙雲が戦場を駆け回って、単騎主を救う
第46回	孔明が10万本の箭を借り、黄蓋が「苦肉の計」を用う
第49回	孔明が七星壇を築いて東南の風を呼ぶ
第49～50回	関羽、義をもって曹操を放つ
第62、65回	劉備が益州を領す
第67回	張遼、逍遥津で威を振るう
第72～73回	劉備が漢中王となる
第76～77回	関羽、麦城に死す
第77～78回	奸雄曹操、死す
第84～85回	劉備、永安宮に崩御す
第87～90回	孔明、七たび孟獲を禽とす
第95～96回	孔明、泣いて馬謖を斬る
第103～104回	巨星、落つ
第117～118回	後主、ついに玉璽を放つ
第120回	孫皓、晋帝に稽首す

謎 正史『三国志』は本当に信じてもいいのか？

真実は？

正史とはいえ、必ずしも史実に則したものだけではなかった！

小説『三国志演義』が小説である以上、たとえ「嘘」が随所に点在していたとしても、誰からも批判される謂《いわ》れはない。「嘘」は「嘘」と知りながら、そのワクワク感を気ままに楽しめば良いだけである。ただし、真の歴史を知るためには、何よりも史実を知ることが重要で、そのためには、まず、正史『三国志』を精読する必要があるのだ。史実を学んでこそ、未来を展望し、進むべき方向を決めることができるからである。もしも歴史書が意図的に改ざんされていたとしたら、それこそ、後世の人々を誤った方向に進ませてしまうことにもなりかねないのだ。

では、正史『三国志』は、はたして史実を忠実に記しているのだろうか？　残念ながら、答えは「ノー」である。もちろん、日本の正史ともいうべき『日本書紀』が信じられないほど自国の歴史を改ざんしていることに比べれば、『史記』を編纂《へんさん》した司馬遷を引き合いに出すまでもなく、中国古代の国史の編纂などを司る太史公（太史令）の高潔さには目を見張るものがある。権力に媚びず、言うべきことを主張したばかりに宮刑（腐刑）に処せられた司馬遷の例もある。正史『三国志』を記した西晋の尚書郎・陳寿も、司馬遷に負けじ劣らじと、極力、事実を正確に記すべく努力したに違いない。

それでも、魏から禅譲を受けて成立したとされる西晋の官吏であった以上、魏を正統とし、蜀、呉はそれに敵対した一地方勢力との立場を崩すわけにはいかなかった。正統王朝である魏の皇帝だけが「本紀」を立てられ、蜀の皇帝と称した劉備や、呉の皇帝を称した孫権でさえ「列伝」扱いに陥れられている。国ごとの取り扱い巻数も、「魏書」の30巻に対して、「呉書」は20巻、「蜀書」にいたっては15巻（資料が揃わなかったという事情もあった）だけと差をも付けて、魏の正統性をさらに強調するのであ

正史『三国志』関連本

『三国志』
陳寿 著 裴松之 注
今鷹真、井波律子 訳
西晋の官吏・陳寿が著して後に正史として認められた歴史書。伝記を立てられたのは442人で、登場人物は4866人にものぼる。筑摩書房刊。

『三国志合戦事典』藤井勝彦 著
魏呉蜀で繰り広げられた74もの合戦を、正史『三国志』の記事をもとに検証。地図をも記して詳しく解説するほか、『三国志演義』に記された内容との比較も行っている。新紀元社刊。

る。

また、陳寿の父が街亭で敗れた馬謖《ばしょく》の参軍で、父も連座して髡刑《こんけい》という刑罰を受けて髪の毛を剃られてしまったこともあって、諸葛亮にはあまり良い感情を抱いていなかったといわれる。そのため、諸葛亮を評して「毎年のように兵を動かしながら成功しなかったのは、臨機応変の戦略に長けていなかったからだ」と記したことが知られている。また、陳寿自身、諸葛瞻《せん》の下役として仕えていた時に、諸葛瞻から何らかの恥辱を受けたようで、そのことを根に持って、諸葛瞻を評して「政治の乱れを矯正できなかった」と無能呼ばわりしている。嘘か真か、魏に仕えていた丁儀の子孫に、丁儀の伝記を記すから米千石をよこせと要求したとの悪評まで伝えられている（断られたため、伝記が記されてないのだとも）のだ。

また、同じ事象でありながらも、記述するところによって内容が異なるということもしばしば見受けられる。例えば、孫権が合肥に攻め込んだのは、「武帝紀」では「赤壁の戦い」の前と記しているのに対して、「呉主伝」では後となっているなど、矛盾点がいたるところに見受けられるのも特徴的で、明らかに意図的と思えるところさえある。

ちなみに、陳寿が記した文章は実に簡潔で、事象を羅列するだけという箇所も多かった。そのため、南宋の文帝が裴松之《はいしょうし》に命じて注釈を加えさせている。

正史『三国志』のあらすじ一覧

書名	タイトル	あらすじ
魏書1	武帝紀第一	曹操の一代記。中国全土の事象も時代を追って記載
	文帝紀第二	曹操の長男曹丕の一代記
	明帝紀第三	曹丕の子曹叡の一代記
	三少帝紀第四	曹芳、曹髦、曹奐の各一代記。卑弥呼の名も登場
	后妃伝第五	武宣卞皇后、文昭皇后など5人の后妃の各一代記
	董二袁劉伝第六	董卓、袁紹、袁術、劉表の各一代記
魏書2	呂布臧洪伝第七	呂布、臧洪の一代記
	二公孫陶四張伝第八	公孫瓚、陶謙、張魯などの一代記
	諸夏侯曹伝第九	夏侯惇、夏侯淵、曹仁、曹洪、曹休などの一代記
	荀彧荀攸賈詡伝第十	荀彧、荀攸、賈詡の一代記
	他	王朗伝などもある
魏書3	程郭董劉蔣劉伝第十四	程昱、郭嘉、董昭などの一代記
	張楽于張徐伝十七	張遼、楽進、于禁、張郃、徐晃の一代記
	二李臧文呂許典二龐閻伝第十八	李典、文聘、許褚、典韋などの一代記
	他	司馬朗伝、陳羣伝などもある
魏書4	王毌丘諸葛鄧鍾伝第二十八	王淩、毌丘倹、鄧艾、鍾会などの一代記
	方技伝第二十九	医者の華佗、人相見の朱建平、占い師の周宣などの一代記
	烏丸鮮卑東夷伝第三十	中国周辺の国々の情報を網羅。邪馬台国の記述も
	他	満寵伝、胡質伝などもある
蜀書	劉二牧伝第一	益州の牧・劉焉とその子・劉璋の各一代記
	先主伝第二	劉備の一代記。列伝とはいえ、先主として敬意を表す
	後主伝第三	劉禅の一代記
	諸葛亮伝第五	諸葛亮の一代記。単独で紹介されている点に注目したい
	関張馬黄趙伝六	関羽、張飛、馬超、黄忠、趙雲ら五虎将軍の各一代記
	龐統法正伝第七	龐統、法正の各一代記
	許麋孫簡伊秦伝第八	許靖、孫乾、伊籍などの各一代記
	董劉馬陳董呂伝第九	董和、劉巴、馬良、董允たちの各一代記
	劉彭廖李劉魏楊伝第十	劉封、李厳、魏延、楊儀などの各一代記
	黄李呂馬王張伝第十三	黄権、馬忠、王平などの各一代記
	蔣琬費禕姜維伝第十四	蔣琬、費禕、姜維らの一代記
	他	向朗伝、周羣伝、鄧芝伝などもある
呉書1	孫破虜討逆伝第一	孫堅、孫策の一代記
	呉主伝第二	呉の初代皇帝となった孫権の一代記。
	三嗣主伝第三	孫亮、孫休、孫皓らの各一代記
	劉繇太史慈士燮伝第四	劉繇、太史慈、士燮の各一代記
	他	孫静伝、張昭伝、諸葛瑾伝などもある
呉書2	周瑜魯粛呂蒙伝第九	周瑜、魯粛、呂蒙の各一代記
	程黄韓蔣周陳董甘淩徐潘丁伝第十	程普、黄蓋、韓当、甘寧、徐盛、丁奉などの各一代記
	陸遜伝第十三	陸遜の一代記。呉では唯一単独で紹介されている
	他	朱然伝、呂範伝、陸績伝などもある
呉書3	諸葛滕二孫濮陽伝第十九	諸葛恪、滕胤、孫峻などの各一代記
	『三国志注』を上る表	裴松之が注釈を加えた経緯などを記している
	他	陸凱伝、呉範伝、韋曜伝などもある

謎 三国時代って？ 三国時代に曹操は生きていなかった？

真実は？

三国時代を厳密に規定すれば、曹操ばかりか劉備さえすでに死んでいた！

男たちが命を賭して中国全土を所狭しと駆け巡っていたのは、後漢の末、2世紀後半からのことである。光武帝以来長き栄華を誇ってきた後漢王朝も、11代桓帝や12代霊帝の頃には、帝自ら政を放棄し、外戚や宦官《かんがん》が利権をめぐって闘争を繰り返すばかりであった。金権政治が蔓延《まんえん》し、そのつけを民が負うという不条理な世の中だった。

『三国志演義』に記された劉備、関羽、張飛の3人が出会うきっかけとなった、黄巾賊討伐のための義兵募集にまつわる話も、このような世情に基づいて作り上げられたものである。劉備たちが反乱軍討伐の一員となって、どのように活躍したかは不明だが、彼らが七転び八起きしながらも、最後には蜀を建国し、魏の曹操や呉の孫権らと三つ巴の戦いを

立ち去ろうとする関羽に錦袍を差し出す曹操

繰り広げていたことに疑問を呈する人は少ないであろう。

ところが、おかしなことに、三国時代を厳密に規定すれば、正史『三国志』や小説『三国志演義』に登場する主役級の面々の多くが生きていなかったという奇妙なことになるのだ。改めて三国時代とは、いったいいつからいつまでのことをいうのか、について考えてみることにしよう。

簡単に考えれば、後漢王朝が滅んで西晋が建国されるまでということができる。ところが、よく考えてみれば、これはとてもおかしな事態を招いてしまう。後漢が滅びたのは、魏の曹丕《そうひ》が献帝を皇帝の座から無理矢理引き摺り下ろした（形式上は禅譲）２２０年で、西晋が建国されたのは、魏の曹奐《そうかん》が晋の司馬炎に禅譲した265年である。つまり、三国時代を220〜265年のわずか46年間とすると、魏の曹操はもとより、荀彧《じゅんいく》、典韋、夏侯淵、郭嘉《かくか》、呉の孫堅や孫策、周瑜《しゅうゆ》、魯粛、黄蓋、呂蒙《りょもう》、太史慈、蜀の関羽のほか、董卓、呂布、袁紹、王允、劉表にいたるまでことごとく三国時代には生きていないということになってしまうのである。これら錚々《そうそう》たる人物を除いて三国時代の歴史を語ろうとすれば、実につまらない話になってしまうことだろう。ましてや、もっと厳密に規定して、魏呉蜀の三国が帝位をもって鼎立《ていりつ》していた期間と限定すれば、孫権が三国内で最後に帝位に即《つ》いた229年がその始まりとなり、劉禅が降伏した263年までのわずか35年間ということになる。その場合は、蜀の皇帝に登り詰めた劉備でさえ三国時代の人ではなくなってしまうのだ。曹操や劉備までもを欠いた三国時代とは、いったい何を語ればいいのだろうか見当がつきそうもない。当然のことながら、『三国志演義』も三国志の名が冠されることもあり得なかったに違いない。

試しに『広辞苑』をひも解いてみると、「220年魏の建国に始まり、280年晋の統一まで」と記されている。あくまでも魏を正統とする立場をとれば、この説もいただけないことはないが、前述の46年説同様、曹操をはじめとする面々を『三国志』本に登場させることができなくなってしまう。ちなみに、正史『三国志』が記すのは、曹操が生まれた155年から、呉が晋に滅ぼされた280年までの126年間。片や『三国志演義』は、「黄巾の乱」が勃発した184年から曹奐が薨《こう》じた302年までの119年間の事象について記している。いずれも、編纂の都合上、その年代の事象を記しただけで、それを三国時代と定義付けたわけではない。便宜上ではあるが、「黄巾の乱」が勃発した184年から、呉が晋に滅ぼされる280年までの97年間と規定するのが、何かにつけて好都合で、この説をとるほうが無難といえそうである。

曹操像・月岡芳年の「月百姿南屏山昇月」より

『三国志』の史跡めぐりは本当に楽しいのか？

タクシーをチャーターしても あちこち探しまわること必至

三国志ファンなら、一度は「三顧の礼」や「赤壁の戦い」「五丈原の戦い」の舞台となった地を訪ねてみたいと思うのも当然のことだろう。しかし、いざ中国に足を踏み入れてみると、三国時代の史跡めぐりの大変さを思い知らされることになる。上記のようなメジャーなところならさほど問題はないが、少しマイナーなところになると、とたんに交通事情が悪くなり、目的地にたどり着くこと自体が大変だからだ。その場合は、大抵タクシーを丸一日チャーター（地方なら数千円程度）することになるが、ドライバーはもとより、地元の人でさえ史跡のありかを知らないことも多いから、往々にしてあちこち探しまわることになる。苦労して探しまわったあげく、ようやく見つけたとしても、生い茂った草むらの中に忘れ去られたかのような石碑がポツンと置かれているだけ…ということも多い。それでも、嬉しさがこみ上げてくるというのだから不思議。これを楽しいといえるのかどうかは我ながら何とも言い切れないながらも、次々と行ってみたいと心を突き動かされるのだから仕方がない。

赤壁古戦場へは、武漢からバスを乗り継いで４時間程度

武侯墓へは宝鶏からバスとタクシーを乗り継いで 1 時間程度

関林廟へは洛陽駅からバスかタクシーで 50 分～ 1 時間 30 分程度

『三国志』の主な登場人物

人名	字	出身	生没年	国	役職名	解説
劉備	玄徳	涿郡涿県	161~223年	蜀	皇帝	有徳を演じ続けた蜀の初代皇帝
諸葛亮	孔明	琅邪郡陽都	181~234年	蜀	丞相	劉備を支え続けた三国きっての軍師
関羽	雲長	河東郡解県	?~219年	蜀	前将軍	死して神となった三国きっての猛将
張飛	益徳	涿郡涿県	?~221年	蜀	車騎将軍	1万人の兵に匹敵する豪傑
趙雲	子龍	常山郡真定県	?~229年	蜀	鎮軍将軍	「一身すべて胆なり」と称賛された武将の鑑
馬超	孟起	扶風郡茂陵県	176~222年	蜀	驃騎将軍	関羽も一目置く武勇の猛将
黄忠	漢升	荊州南陽郡	?~220年	蜀	後将軍	老いてますます盛んな蜀の猛将
龐統	士元	襄陽郡	178~213年	蜀	軍師中郎将	鳳雛と称えられたものの36歳の若さで死去
姜維	伯約	天水郡冀県	202~264年	蜀	大将軍	北伐を繰り返した蜀最後の大将軍
魏延	文長	義陽郡	?~234年	蜀	征西大将軍	反逆者に仕立てられた蜀の熱血漢
徐庶	元直	潁川郡長社県	?~?年	蜀	御史中丞	劉備に諸葛亮を推挙した名軍師
劉禅	公嗣	涿郡涿県	207~271年	蜀	皇帝	暗愚と蔑まれた蜀の2世皇帝
孫堅	文台	呉郡富春県	156~192年	呉	破虜将軍	向かうところ敵なしの活躍ぶり
孫策	伯符	呉郡富春県	175~200年	呉	討逆将軍	勇猛闊達で人々を魅了した呉の御曹司
孫権	仲謀	呉郡富春県	182~252年	呉	皇帝	後継者問題で汚点を残した呉の建国者
周瑜	公瑾	盧江郡舒県	175~210年	呉	偏将軍	孫権を支えて呉建国の礎を築いた名臣
黄蓋	公覆	零陵郡泉陵県	?~215年	呉	偏将軍	偽りの投降で魏を打ちのめした功臣
魯粛	子敬	臨淮郡東城県	172~217年	呉	横江将軍	劉備との連携を模索し続けた呉の名参謀
太史慈	子義	東莱郡黄県	166~206年	呉	建昌都尉	正史にも孫策との一騎打ちが記された勇将
呂蒙	子明	汝南郡富陂県	178~219年	呉	南郡太守	計略を用いて関羽を殺害した呉の謀臣
陸遜	伯言	呉郡呉県	183~245年	呉	丞相	冷静沈着をもって劉備を撃退した功労者
曹操	孟徳	沛国譙県	155~220年	魏	魏王	乱世の奸雄といわれた三国きっての英傑
曹丕	子桓	沛国譙県	187~226年	魏	皇帝	文学的才能に恵まれた初代皇帝
郭嘉	奉孝	潁川郡陽翟県	170~207年	魏	洧陽亭侯	抜群の洞察力を有していた魏の軍師
許褚	仲康	沛国譙県	?~?年	魏	牟郷侯	曹操を守り抜いた怪力無双の親衛隊長
張遼	文遠	雁門郡馬邑県	165~222年	魏	前将軍	その名を聞いただけで震え上がった猛将
荀彧	文若	潁川郡潁陰県	163~212年	魏	光禄大夫	王佐の才をもって曹操を支えた魏の謀臣
司馬懿	仲達	河内郡温県	179~251年	魏	丞相	クーデターで魏の実権を奪った覇者
夏侯惇	元譲	沛国譙県	?~220年	魏	大将軍	実は清廉で慎ましやかであった盲夏侯
夏侯淵	妙才	沛国譙県	?~219年	魏	征西将軍	曹操から勇気だけを頼りにするなと叱咤
鄧艾	士載	義陽郡棘陽県	?~264年	魏	太尉	道なき道を進んで蜀を滅ぼした魏の将軍
鍾会	士季	潁川郡長社県	225~264年	魏	司徒	最後はクーデター失敗で自滅した反逆者
献帝	伯和	河南郡洛陽県	181~234年	漢	皇帝	施政者たちに翻弄され続けた薄幸の皇帝
董卓	仲穎	隴西郡臨洮県	?~192年	漢	相国	暴虐の限りを尽くすも、呂布に殺害される
袁紹	本初	汝南郡汝陽県	?~202年	漢	大将軍	曹操に敗れた4代三公の名族出身者
呂布	奉先	五原郡九原県	?~198年	漢	左将軍	裏切りを繰り返した三国随一の猛将

漢帝国崩壊から
群雄割拠の時代へ

謎

曹操は本当に奸雄だったのか？

真実は？

悪意に満ちた呉人に蔑まれた上、さらに、孔子の子孫を殺したことで極悪人に仕立てられた！

曹操といえば、『三国志演義』では、悪逆非道として描かれた人物である。呂伯奢《りょはくしゃ》一家殺害事件や徐州住民大虐殺、孔融一族の皆殺しなど悪行が数えきれないほど記されていることを見ても明らかである。「頭は切れるが、非情で冷徹」というのが、『演義』における曹操に与えられたキャラクター像である。

では、史実としての曹操は、本当に奸雄というほどのものだったのだろうか？ 魏を正統と見なす正史『三国志』は、その祖というべき曹操に対して依怙贔屓《えこひいき》が甚だしいから多少割り引いて見る必要があるが、それでも「武帝紀」の最後に記された陳寿の寸評において、かの曹操を評し「明晰な機略に優れ、並外れた時代を超えた英傑」との賛辞を与えている点は注視すべきである。ただし、若い頃は「勝手放題で、品行が良くなかった」と記すほどだから、品行方正とはとても言い難い、やんちゃ者だったことは間違いない。

曹操の悪人ぶりを吹聴しているのは、呉人の作とされる『曹瞞伝《そうまんでん》』で、そこには曹操の若い頃の「限度のない遊蕩ぶり」をあげつらった上、官吏となってからの曹操の冷酷非情ぶりにまで言及している。曹操が洛陽北部尉に任命された時、霊帝が目をかけていた蹇碩《けんせき》の叔父さえ、禁止されている夜間に出歩いたというだけで「即座に殺した」とある。袁紹との「官渡の戦い」に苦戦中だった際には、袁紹軍の輜《し》重《ちょう》を守っていた将軍・淳于瓊《じゅんうけい》を捕らえた上で、「将軍以下士卒千余人の鼻を削いで、牛馬の唇や舌をも切り取った」とまで記すのである。以上の事象を鑑みて、曹操を「軽佻浮薄で威厳がないが、法を守ることには

通俗三国志之内白門楼曹操呂布斬図（歌川国芳）の一部。左が曹操、右が劉備

峻厳で、自分よりも優れた者がいると、法によって処刑した」と見なし、常に「残酷にして偽りに満ちた駆け引き」に終始していたとまで蔑んだのである。

また、東晋時代の著作郎・孫盛がまとめた『異同雑語』にも、後漢末期の人物批評家・許子将が曹操を「治世の能臣、乱世の姦雄」と評したことが記されている。奸雄（姦雄）とは、悪知恵を働かせて英雄になること、あるいは大悪人を意味する言葉であるが、この曹操奸雄説や『曹瞞伝《そうまんでん》』などに記された悪意に満ちた逸話をもとに、後世の作家・羅貫中が、曹操を非情で冷徹な極悪人に仕立て直したのである。

加えて、『三国志演義』を著した羅貫中が生きた明代が、朱子学を重んじる時代だったことも影響している。曹操は、孔子の末裔で、建安の七子のひとりにあげられるほどの文化人であった孔融を、曹操を誹謗中傷したからという理由で殺害したことがあった。このことが孔子を神と仰ぐ明代の人々に恨まれたことが大きな要因となって曹操悪人説がまことしやかに語られるようになったともいわれる。その悪人説を物語に仕立てるのに利用したのが、『曹瞞伝』などに記された逸話なのである。

しかし、この『曹瞞伝』は、敵国である呉の人が描いたものだけに、悪意に満ちあふれて信用できないものであるということを見逃してはならない。曹操の悪人説を裏付けるものとして語られる徐州住民の大虐殺に関しても、正史には「多数の者を虐殺した」と記すだけで、住民を殺害したかどうかは明言していない。敗軍の将を律する『司馬法』に「包囲されたあとで降伏する者は容赦しない」という一文があるが、曹操がこれを厳格に守り抜いたことで招いた悲劇と見ることもできるのだ。

裴松之が注に引いた『魏書』に、曹操が出した布令が記されているが、疫病や戦争などによって人民が衰微したことを憂いて、老齢者や障害児、身寄りのない子などで生活に苦しむものに対して、「一生涯生活の面倒を見る」としたこともあった。さらには、「本性は倹約家で、華美を好まなかった」とし、「美麗なものを手に入れても、すべて戦功を立てた者に与えた」とまで記すなど、世間一般がイメージする奸雄像とは、大きくかけ離れた曹操像が随所に記されていることも見逃してはならないのである。

曹操が董卓殺害を目論んで、名剣を献上するふりをする場面（ドラマ『三国志 Three Kingdoms』© 中国伝媒大学電視制作中心、北京東方恒和影視文化有限公司）

謎 曹操こそが、「呂伯奢殺害事件」の被害者だった？

真実は？

もともと曹操の正当防衛だった話が、時代が下るにつれ、無慈悲な殺害話にされてしまった！

曹操が呂伯奢一家を斬殺したという「呂伯奢殺害事件」も、曹操奸雄説を語る時によく引き合いに出される逸話である。これは、曹操が暴君・董卓のもとから逃げるように郷里へ戻る途上で起きた事件である。まずは、その模様を『三国志演義』から見てみよう。

董卓暗殺に失敗した曹操が、郷里へと逃走を続けて3日目のこと。成皋《せいこう》（河南省榮陽県西北）に暮らす知人（父の義兄弟）・呂伯奢の屋敷に逃げ込んだ時のことである。事件は、呂伯奢が曹操と同行の陳宮の2人をもてなすために酒を買いに出かけた直後に起きた。2人が屋敷で呂伯奢の帰りを待っていると、屋敷の裏から刀を研ぐ音が聞こえてきた。怪しんで聞き耳をたてると、「縛って殺したらどうだ」という声が聞こえた。殺されると思い

曹操こそが、「呂伯奢殺害事件」の被害者だった？

曹操が呂伯奢と出会ったシーン（ドラマ『三国志 Three Kingdoms』© 中国伝媒大学電視制作中心、北京東方恒和影視文化有限公司）

込んだ2人は、即座に隣室に飛び込み、そこにいた一家8人すべてを斬り殺してしまったのである。生き残った者がいないか、あたりを見回して台所で目にしたのが、縛り上げられていた豚の姿であった。2人の客人に食べさせようと、家の者たちが屠殺の相談をしていただけであった。過ちに気付いて立ち去ろうと屋敷を出て2里もいかないところで、酒甕を驢馬《ろば》の鞍に縛り付けた呂伯奢と鉢合わせる。この時、曹操は悪びれる様子もなくこれを斬殺。陳宮にその非を責められた際に発したのが、「わしが天下の人を裏切ることがあっても、人がわしを裏切るようなまねはさせぬ」のひと言であった。

　では、正史『三国志』では、この「呂伯奢殺害事件」に関して、どのような見方をしているのであろうか？　実のところ、「武帝紀」をはじめ、どこにも、この事件に関してひと言も触れていない。裴松之が注に引く『魏書』『世語』『雑記』にのみ、大まかではあるが、事件の真相に言及している。この中で、『世語』や『雑記』に記された記事は、大筋では『三国志演義』と内容が似通っている。ともあれ、詳細を見てみよう。

まず、『世語』から。そこでは、曹操が呂伯奢宅に立ち寄った際、呂伯奢は外出していた。それでも、一夜の宿を提供してくれた呂伯奢の5人の子らを含む8人の者を、「彼らが自分を始末するのではないかと疑って、夜の間に剣を揮って殺して立ち去った」とする。『雑記』でも「彼らの用意する食器の音を耳にして、自分

呂伯奢を殺害した曹操（ドラマ『三国志 Three Kingdoms』© 中国伝媒大学電視制作中心、北京東方恒和影視文化有限公司）

曹操こそが、「呂伯奢殺害事件」の被害者だった？

を始末するつもりだと思い込んで、夜のうちに殺害した」と、『世語』とほぼ内容は同じである。ただし、その後曹操が「悲惨な思いにとらわれた」と記しているところからすれば、救いようのないほど非情であったわけではなさそうである。この時曹操が放ったのが「わしが人を裏切ることがあろうとも、他人にわしを裏切らせはしないぞ」のひと言で、羅貫中はこの文言を自著に取り入れて、曹操の悪人像を際立たせるのに役立たせている。

一方、『世語』や『雑記』と全く様相が異なるのが、『魏書』に記された一文である。そこに記された事件のあらましは、曹操こそが被害者だったというのである。呂伯奢が留守だったことは『世語』『雑記』とともに共通しているが、「その子供たちが食客とぐるになって曹操を脅し、馬と持ち物を奪おうとした」と記す。曹操は仕方なく「刀を手にして数人を撃ち殺した」として、家人殺害は正当防衛であったと強調するのである。いずれの記事が正しいのか、今となっては知るよしもないが、時を経るにつれて、曹操の悪人度が強調されていった点は注目しておくべきだろう。魏の滅亡直後に書かれた『魏書』では正当防衛であったものが、西晋時代の『世語』や東晋時代の『雑記』では疑いを抱いて殺害したことにし、さらに明代の『演義』では呂伯奢まで無慈悲に斬り殺してしまうなど、時代が下るにつれて、極めつけの極悪人へと変貌していったのである。

謎 曹操は袁紹に頭が上がらなかった？

真実は？

袁紹の庇護のもとで出世した曹操が、袁紹を踏み台にして自立していった！

袁紹といえば、曹操と官渡において天下分け目の戦いを演じた人物である。4代にわたって三公（太尉、司空、司徒）を輩出した名門袁家の出で、初平元（190）年の反董卓《とうたく》連合軍が結成された時には、曹操がまだ一介の将軍にすぎなかったのに対して、袁紹はすでに渤海《ぼっかい》の太守であり、河北四州を支配するという当代きっての実力者であった。ちなみに、「四世三公」の肩書きは、当時の社会においては絶大な威力を発揮したようで、『三国志演義』の反董卓連合軍結成の際には、曹操をして「漢王朝の名宰相の子孫なのだから、彼こそ盟主にすべき」とまでいわしめている。

しかし、その後の袁紹は、関羽が華雄の首を取りに出んと勇み出た際、「弓手ふぜいに

正史に記された袁紹は勇猛果敢な人物であった（ドラマ『三国志 Three Kingdoms』©中国伝媒大学電視制作中心、北京東方恒和影視文化有限公司）

出陣させては華雄に笑われる」と卑下したばかりか、「官渡の戦い」において、烏巣《うそう》の食糧庫の防備を固めるように進言する沮授《そじゅ》を牢に閉じ込めて忠言を仇とし、田豊から曹操不在の許昌攻めを進言された際には、溺愛《できあい》していた末っ子が疱瘡《ほうそう》にかかっていたことが気がかりで、戦のことなど「考える気になれぬ」と軍勢の派遣を躊躇《ちゅうちょ》するなど、優柔不断で決断力に欠ける人物として描かれている。郭嘉《かくか》に「愚図で猜《さい》疑心《ぎしん》が強い」とまで言われるなど、名門出というだけが取り柄の無能な人物として描かれているのだ。

さらに、正史『三国志』にも、袁紹のドジぶりが記されている。裴松之が注に引く『世説新語』に、遊び仲間であった若き曹操と袁紹が登場する。いたずらをしようと、婚礼をあげている家に忍び込んで花嫁を掻《か》っ攫《さら》おうとしたものの、袁紹がイバラに足をとられて身動きができなくなった。そこで曹操は、機転をきかせて、「泥棒がここにいるぞ」とわざと騒ぎ立てた。慌てた袁紹が火事場の馬鹿力を発揮したことで2人とも逃げ出すことができたというのである。機敏な曹操に対して、ドジな袁紹。2人の対照的な人物像は、『演義』で設定されたものとさほど変わらない。

しかし、正史をさらに詳細に読み進めていくと、『演義』に記された袁紹像とはまったく異なる姿も随所に記されている。「謙虚でありながらも勇猛果敢であった」との記述まで見つけることができるのである。そもそも、「袁紹伝」には、冒頭から「身分にこだわらず、よく士人に対して下手に出たため、大勢の人が彼のもとに身を寄せた」と記すように謙虚な人柄であったと記され、『演義』での袁紹像とは大きく異なっている。袁紹が公孫瓚《こうそんさん》の征伐に赴いた際、征伐を成し遂げたと

「官渡の戦い」における曹操像（ドラマ『三国志 Three Kingdoms』©中国伝媒大学電視制作中心、北京東方恒和影視文化有限公司）

思い込んで、馬から降りて鞍を外した直後、敵の残兵2千騎が来襲してきたことがあった。咄嗟《とっさ》に、田豊が袁紹を避難させようと垣の隙間に押し込もうとするや、「大丈夫たる者は突き進んで戦死するのが当然である。それなのに、垣の隙間に逃げ込むなどもってのほか」と言い放って突き進んだという。結局は、袁紹の強気が功を奏して、敵を追い払うことができた。袁紹の勇猛果敢さを物語る逸話である。

また、初平2（191）年7月のこと。袁紹が韓馥《かんふく》から冀州《きしゅう》を強引に奪い取ったことがあったが、その時袁紹陣営に事実上の配下として所属していたのが曹操であり、曹操が濮陽において黒山賊の白繞《はくじょう》を打ち破った後東郡太守に任命されたのも、袁紹の上奏によるものであった。いわば、曹操は袁紹に引き立ててもらって出世したわけで、袁紹に対して頭が上がらない状況だったのである。おまけに、曹操は宦官の孫という強烈なコンプレックスがあった。彼にとって「四世三公」出身の袁紹は雲の上の存在であり、袁紹の庇護のもとからどうやって自立するか虎視眈々《こしたんたん》としていたのである。その頃、曹操陣営にやってきたのが、「王佐の才」と称されていた荀彧《じゅんいく》や騎都尉の鮑信《ほうしん》であった。彼らの尽力によって、曹操は袁紹からの自立を果たし、さらに袁紹を乗り越えて、天下取りへの道を突き進んでいったのである。

謎 「官渡の戦い」で曹操軍が寡兵だったというのは嘘？

真実は？

曹操軍の寡兵説は「嘘」と、注釈者の裴松之が断言！

一介の将軍にすぎなかった曹操が、並み居る群雄の中から飛び出して天下取りへ最も近い位置へと駆け上ることができたのは、何と言っても「官渡の戦い」で袁紹を打ち破ったことが大きい。その戦いぶりを、まずは『三国志演義』から見ていこう。

袁紹が、冀州、青州、幽州、并州《へいしゅう》の4州から集めた70万もの大軍を率いて、官渡へと攻め上ってきたのは、建安5（200）年のことであった。荀彧に許都の守りを託した曹操は、7万の軍勢を率いてこれを迎え撃つべく進軍。曹操が張遼を出陣させると、袁紹は張《ちょう》郃《こう》を送り込んで対戦させた。両雄40～50合打ち合うも勝負がつかなかったため、許褚《きょちょ》や高覧が登場して4人がもみ合う形に。それを皮切りに、曹操は3千の兵を繰り出して敵陣を急襲。袁紹軍が2万もの弩弓《どきゅう》を射れば、曹操軍は発石車を用いて袁紹軍の櫓《やぐら》を壊していくというシーソーゲームとなった。70万という大軍に対して、その10分の1のわずか7万の寡兵で五分の勝負に持ち込んだ曹操の用兵の妙こそ賞賛すべきであろう。

しかし、本当にこの時、両者にこれほどの大きな兵力差があったのだろうか？　10分の1の兵で、本当に対等に勝負ができるものなのだろうか？　ひとまず、正史『三国志』「武帝記」をひも解いて検証してみよう。

「官渡の戦い」の前年、建安4（199）年の記事では、袁紹が公孫瓚を併合して、すでに10万の軍勢を擁していたことが記されている。軍を進めて曹操の拠点・許を攻撃しようとしていたことを記した後、曹操の弁として「袁紹の兵数は多いが、将兵たちが傲《おご》り高ぶって統制に欠ける」と袁紹軍の弱点を突いている。袁紹がすぐに攻めてくることはないと確信を抱きながら、黎陽へと進軍して斉、北海、東安を攻略した後、おっとり刀で官渡に布陣するという余裕ぶりであった。ちなみに、この年の暮れには、曹操のもとに身を寄せていた劉備が、袁術討伐を名目に曹操軍のもとを立ち去っている。

官渡古戦場に置かれた勇壮な曹操の騎馬像

翌5（200）年、曹操は劉備が勢力を拡大することを恐れ、袁紹との戦いを前に、劉備討伐を優先している。ここでもまた、優柔不断な袁紹がすぐには攻めてこないことを確信していたからである。攻め込まれた劉備は、敗れて袁紹のもとに逃亡しているから、この時点で、袁紹軍はさらに人員を増やしたことになる。ただし、劉備とは別動隊を率いていた関羽も曹操に降伏しているから、曹操は関羽軍を手に入れたことになる。

同年2月、ついに戦いの火ぶたが切って落とされた。袁紹が郭図、淳于瓊、顔良らを白馬に急行させて、東郡太守・劉延を攻撃。自身は黎陽《れいよう》へと兵を進めた。この時、荀攸《じゅんゆう》が曹操に「自軍の兵数が少ない」ため、正攻法で戦っても勝てないとして「敵の勢力を分散させる」ことを進言している。曹操軍の兵数が袁紹軍に比べて少なかったことは間違いない。その後、袁紹の名将・顔良、文醜を討ち取った曹操は、8月、1万にも満たぬ兵で袁紹と戦って、負け戦になったと記されている。その2〜3割が傷ついたともいうから、官渡へと舞台を移してからは7〜8千の兵で戦った可能性が高い。その兵員数のまま、両陣営とも土山と地下道を築いて激しく矢を射かけるという攻防戦が続くのである。

ところが、ここでひとつの疑問が湧いてくる。10倍もの兵力差がありながら、どうして同様の戦術で互角に戦い続けることができたのだろうか？　という点である。奇計を用いなければ、通常はあり得ない話であるが、この疑問に陳寿は答えてくれない。後に袁紹軍の輜重車を襲ったことで、意気消沈した袁紹を敗走させて、ついに寡兵であった曹操側が勝利を摑《つか》んだのであった。ここでは袁紹10余万に対して曹操軍は1万以下と、『演義』の70万対7万とは大きく数字が異なるものの、10分の1であったことは変わりない。

しかし、この曹操寡兵説に異論を唱え、誰もが抱く素朴な疑問に答えてくれたのが、正史に注釈を加えた裴松之であった。曹操の兵が1万以下という記述に、疑問を投げかけたのである。そもそも曹操が兵をあげた時、すでに5千もの軍勢を持っていた。以後、戦いで負けたのは10回に2～3回であった。青州の黄巾賊を打ち破った時は、30余万人もの投降兵を手に入れ、それ以外にも併呑したものは数えきれないほどであったという。30万を優に超す兵力を擁し、さらには圧倒的な勝率で戦いを勝ち抜いてきた者が、1万人以下まで兵力が落ちることはあり得ないと断言。さらには、曹操が袁紹軍の7～8万もの敗残兵を穴埋めにした(『献帝起居注』などの記述をもとにしている)と諸書に記されているが、「わずか8千の兵で7～8万もの敗残兵を力ずくで捕まえて殺害することはあり得ない」と、曹操寡兵説を否定した上で、寡兵で戦って勝利を得た曹操の偉大さを誇示するための潤色であったと指弾するのである。

謎 劉備は有徳の人ではなかった？

真実は？

「弘毅寛厚」は見せかけで、その実は、「梟雄」であった！

『三国志演義』の主人公ともいうべき蜀の劉備は、同書内においては、有徳の人として描かれている。少々弱腰なところがあるとはいえ、周りに智者・諸葛亮や義人・関羽、悪人・曹操らを効果的に配することによって、劉備の「徳」がさらに引き立つように描かれている。その筆力や、舌を巻くものがある。そこに記された劉備の行動は、驚くばかりの高潔さで、昨今の小賢しい政治家どもに、爪の垢《あか》でも煎じて、飲ませてやりたいほどである。前漢景帝の子・中山靖王劉勝の後裔とはいえ、後に没落して草鞋《わらじ》売りに身をやつした劉備像は、駆け出しから、読者の情に訴えかけている。関羽、張飛の豪傑を得て、「黄巾の乱」で功を為して定州中山府安喜県の尉になった後、賄賂を要求する督郵を懲らしめようと張飛がこれを鞭打つのを押し止めるという仁愛ぶりをも見せつけた。曹操が南下して襄陽城を通過しようとした時にも、諸葛亮の劉琮《りゅうそう》攻めの進言を押しとどめて「同族を攻めるのは忍びない」としてそのまま南下、10万もの領民が逃避行の障害となった時でさえ、「私に身を寄せてくれる者をどうして見捨てることができようか」と足手まといになることも厭わず、ともに南下を続けたのである。善人としての行動、発言を随所に盛り込ませて、劉備の「徳」を強く印

「通俗三国志英雄上壹人」劉備（歌川国芳）

象付けたのである。

しかし、『演義』が強調する劉備有徳説は、はたして本当のことなのだろうか？　すでに賢明なる読者は薄々お気付きのことかと思うが、前記の事象の多くは、眉唾ものである。

そもそも、劉備が景帝の子・劉勝の後裔であるということ自体怪しい。劉勝は異母弟の武帝（劉徹）が匈奴《きょうど》をも打ち破って領土拡大に貢献したのに反して、酒と女に溺れて淫色に耽《ふけ》った王として有名で、生涯に１２０人以上もの子がいたとされる。劉勝の家系はその後、断絶、再興を繰り返しながら３００年をも経ているのである。これほどの長い年月を経れば、後裔と呼べる者は、巷にごまんといたに違いない。しかも家系が何度も途切れているとすれば、後裔を名乗ること自体おこがましい。系図詐称と言わざるを得ないのである。

また、督郵を打ち据えたのは張飛ではなく劉備自身で、その理由も裴松之が注に引いた『典略』によれば、劉備が免官されるかもしれないと疑って、劉備のほうから面会を求めた末の出来事であった。面会を断られた劉備は、これを恨んで自ら督郵を樹に括り付けて１００回余り（『漢晋春秋』では２００回）も杖で叩き、殺そうとしたのである。

劉琮が守る襄陽城を攻撃しなかったのも、単に劉備が狼狽して南下を急いだからであり、10万もの住民が劉備に付き従ってきたのも、劉備を慕ってではなく、徐州で殺戮《さつりく》を繰り返していた曹操を怖れたからである。

さらに、正史『三国志』「先主伝」においても、劉璋から求められて益州入りした劉備が、劉璋側が意趣返しをしたため仕方なく兵をすすめたという場面があるが、これもそもそもは劉備の仕組んだ策略である。益州を手中にした劉備が、宴席で龐統を前にしてポロッと洩らした「今日の集まりは、実に楽しい」ひと言こそが劉備の本音だったのである。劉備は、際立った能力を有している訳でもない自分がのし上がっていくためには、「徳」を武器にするのが得策であるということを知っていた。そのために精一杯有徳者を演じきっていたのである。つまり劉表や劉璋を踏み台にしてのし上がっていったわけで、「弘毅寛厚」とはほど遠い「梟雄《きょうゆう》」とも呼ぶべき人物だったのである。

成都の武侯祠に祀られた劉備像

謎 劉備は「黄巾の乱」で活躍しなかった？

真実は？

戦場で死んだふりをするなど、とても活躍したと言えるようなものではなかった！

「そもそも天下の大勢は、分裂が長ければ必ず統一され、統一が長ければ必ず分裂する〜」の名文ではじまる小説『三国志演義』の第1回目は、劉備、関羽、張飛の3人が、桃園において義兄弟の契りを結ぶ物語である。意気投合した3人が契りを結んだ後、中山の大商人・張世平らに志を高く評価されて、軍資を提供してもらったことは、桃園結義の儀式があったかどうかは別として、正史『三国志』にも記されている話である。その資金をもとに、関羽は青龍偃月刀を、張飛は点鋼矛（蛇矛）を腕の良い鍛冶屋に作らせ、村の荒れくれ者500人をかき集めて、校尉・鄒靖《すうせい》に目通り願った後、太守・劉焉《りゅうえん》へと挨拶に出向かう。それから5日もたたないうちに、黄巾賊の程遠志討伐軍に加わるよう命が下るのである。ここから、関羽、張飛らの華々しい活躍が始まるのである。

まず、程遠志の副将・鄧茂《とうも》の心臓を張飛が蛇矛を突き出して一撃のもとに刺し貫いたのを皮切りに、関羽が程遠志を一刀両断にした。この2人の活躍ぶりは、後に「英雄穎《えい》を露《あらわ》すは今朝に在り 一は矛を試し 一は刀を試す～」と讃えられている。賊軍は程遠志が斬り殺されたことを知ると、その多くが投降。戦いに参加した討伐軍の兵士らは、劉焉から褒美を与えられたという。

その翌日、青州太守・龔景《きょうけい》から救援の依頼を受けた劉焉は、再び鄒靖に命じて青州へと向かわせた。その際にも、劉備、関羽、張飛の3名はその一員に加わっている。ここでの3人の活躍ぶりも目覚ましく、山上から関羽と張飛が左右に分かれて出撃すると同時に、劉備も別方向から敵陣に攻め込んで、三方挟み撃ちにして追い込んだ。賊は大敗を喫して、死んだり生け捕りになったりする者が数えきれないほどであったとまでいう。その戦いぶりもまた讃えられ、「謀を運《めぐ》らし算を決して神功あり 二虎もまたすべからく一龍に遜《ゆず》るべし～」とまでいわれたというのである。

ところが、正史『三国志』を見る限り、実のところ、劉備が黄巾賊討伐に活躍した具体例は、何一つ記録されていない。霊帝の末年に「黄巾の乱」が起きた際、各州都でおのおの義兵

『演義』では「桃園結義」の後、青龍偃月刀などの武器を揃えたことになっている（その場面を描いた中国の壁画）

をあげたが、その中に劉備が仲間を引き連れて、校尉・鄒靖に従って賊の討伐に向かったと記した後、「手柄を立てて、安喜の尉に任じられた」と記すだけなのである。そもそも、『演義』に登場する程遠志やその副将とされた鄧茂は架空の人物である。当然のことながら、前述の関羽、張飛、劉備3人の武勇伝は、「嘘」ということになる。それればかりか、裴松之が注に引く『典略』には、劉備が戦場で犬死にになることを恐れ、必死で生き延びようとしていた姿がありありと描かれているのである。張純（もともと中山郡の相であったが、後に弥天将軍・安定王を自称した後に起きた「張純の乱」の首謀者）という賊軍の討伐に劉備が

劉備の生家跡に建てられた劉備故里の石碑

随行した際、田野で合戦中に劉備が負傷したため、何と「死んだふり」をして賊軍がいなくなるのをじっと待ち続けたというのである。さらに無様なのはその後で、賊軍がいなくなったのを見計らって、「友人に車に乗せて連れ出してもらって脱出することができた」という。「劉備は有徳の人ではなかった？」（48〜51ページ参照）の項でも記した督郵殴打事件の際、劉備が軍功によって長吏となった者の様子をうかがいに来た督郵に対して、自分が免官されるのではないかと怖れていたところから見ても、長吏に任じられるほどの活躍をしていなかったことは明らかであると見なさざるを得ないのである。

謎

反董卓連合軍の結成を呼びかけたのは曹操ではなかった？

真実は？

東郡太守の橋瑁が呼びかけて、10人の諸侯が同盟軍を結成した！

中平5（189）年、洛陽へと入城した董卓が、朝廷の混乱に乗じて実権を握った。その後少帝を廃し、わずか9歳でしかなかった陳留王（劉協）を献帝として即位させ、これを傀儡《かいらい》として横暴の限りを尽くしたのである。天子の寝台で休み、宮女を姦淫したばかりか、領民殺害まで繰り返していた。『三国志演義』では、その非道ぶりに憤慨した曹操が、全土に檄文《げきぶん》を飛ばして結成を呼びかけている。ひとまずは、その進展を振り返ってみよう。

第4回以降に、反董卓連合軍結成への経緯が記されている。そこには、少帝に毒酒を飲ませて殺害するなど暴虐の限りを働いていた董卓に反旗を翻した曹操の姿が描かれている。司徒・王允《おういん》から七宝刀を受け取った曹操は、董卓に近付いて刺し殺そうとするも失敗。

這々《ほうほう》の体で、故郷の沛郡譙県（安徽省亳州市）へと逃げ戻ろうとする様子が、さも見たかのように記されているのだ。「呂伯奢殺害事件」が起きたのもこの時のことである。

陳留に到着した曹操は、父の助言に従って、孝廉・衛弘から資金援助を受けることに成功。この資金をもとに義兵を募集し、楽進や李典をはじめ大勢の勇士を得た。夏侯惇、夏侯淵、曹仁、曹洪など一族の一員らも、この時、曹操の呼びかけに応じて馳せ参じてきた面々であった。

軍備を整え、調練を終えた曹操は、まず、袁紹に働きかけて同盟を結成。その後、檄文を作成して諸郡に送り、反董卓連合軍の

曹操は自ら太鼓を叩いて戦意を促した（ドラマ『三国志 Three Kingdoms』© 中国伝媒大学電視制作中心、北京東方恒和影視文化有限公司）

虎牢関と刻まれた石碑がガラスケースに収められている

結成を呼びかけたのである。そこには、天子の密詔を奉じたことを記した上で、国を滅ぼし君を殺害した残虐非道な董卓を伐《う》たんと、共に義兵を挙げるよう記してあった。曹操の呼びかけに応じた諸侯は、合わせて17人。後将軍・南陽太守の袁術をはじめ、冀州刺史の韓馥、豫州刺史《よしゅうしし》の孔伷《こうちゅう》、兗州《えんしゅう》刺史の劉《りゅう》岱《たい》、河内太守の王匡《おうきょう》、陳留太守の張邈《ちょうばく》、東郡太守の喬瑁《きょうぼう》（『三国志演義』ではこう表記している）、山陽太守の袁遺《えんい》、済北の相の鮑信、北海太守の孔融、広陵太守の張《ちょう》超《ちょう》、徐州刺史の陶謙、西涼太守の馬騰《ばとう》、北平太守の公孫瓚、上党太守の張楊《ちょうよう》、烏程侯・長沙太守の孫堅、祁郷侯・渤海太守の袁紹らであった。少ないものは1～2万、多いものは3万もの軍勢を引き連れて、洛陽へと向かったと記すのである。さらに、曹操が音頭をとって、名門出の袁紹を盟主に担ぎ上げた。つまり、曹操の呼びかけに応じて17もの諸侯が結集し、曹操の音頭で袁紹が盟主となったとしているのである。

ところが、曹操の業績を記す正史『三国志』「武帝紀」の初平元（190）年の条に記されているのは、これとは大きく異なる。反董卓として兵を挙げた面々の名は、後将軍の袁術、冀州牧の韓馥、豫州刺史の孔伷、兗州刺史の劉岱、河内太守の王匡、陳留太守の張邈、東郡太守の橋瑁、山陽太守の袁遺、済北の相の鮑信、渤海太守の袁紹の10人であった。北海太守の孔融、広陵太守の張超、徐州刺史の陶謙、西涼太守の馬騰、北平太守の公孫瓚、上党太守の張楊、烏程侯・長沙太守の孫堅らの名はそこには記されていない。孫堅は彼らとは距離をおいて独自に董卓に戦いを挑み続け、董卓軍の都尉であった華雄らの首を斬る（『三国志演義』では関羽が斬ったことになっている）などの活躍をみせたが、後の面々の動向は不明である。

さらに、反董卓連合軍の結成を呼びかけたのは、実は曹操ではなく東郡太守の橋瑁であったことが、裴松之が注に引く『英雄記』に記載されている。橋瑁は三公の公文書を偽造し、「国家の災難を取り除いてくれる義兵を待ち望んでいる」と記して、州都に送りつけて、諸侯が立ち上がるよう促したのである。この公文書を見た冀州牧の韓馥が、袁紹に同調するよう書簡を送ったことも、袁紹を動かした要因になったことをほのめかしている。

謎 反董卓連合軍は虎牢関に集結して戦ったわけではなかった？

真実は？

虎牢関に集結したこともなければ、皆で力を合わせて戦ったことさえなかった！

前項に引き続いて、反董卓連合軍結成の模様からの検証を続けよう。『三国志演義』第5回を振り返ってみたい。

ここでは、洛陽へと集結した17の諸侯の様子が記されている。それによると、諸侯らが各々陣を張ったため、陣営の長さが200里以上にもなったという。漢の1里は400m、魏では76～77mだから、何と80㎞あるいは15・2～15・4㎞も連なっていたというのだ。同書は往々にして誇張すぎるきらいがあるが、これはいくらなんでも酷すぎる。80㎞といえば、たとえ兵士が20万人以下だったとしても、手をつないで一列に並ばなければ届かない距離で、15・2～15・4㎞としても、やはりオーバーである。さらにこの後、孫堅が先

「虎牢関の戦い」の舞台となった地には、ぽつんと石碑が置かれただけであった

鋒となって汜水関《しすいかん》に進軍するが、済北の鮑信が孫堅に手柄を奪われまいと、先に董卓軍の猛将・華雄と戦うことになっている。華雄の一撃で、鮑信はあっけなく斬って落とされた後、孫堅、程普、黄蓋、韓当、祖《そ》茂《も》らも登場して戦いを繰り広げるのである。それでも、華雄を討ち取れるものは、誰もいない。そこに颯爽《さっそう》と登場するのが関羽である。身の丈9尺、顔はナツメのように赤黒いという異様な風体の関羽登場となって、読者のテンションが一気に盛り上がっていくのである。

しかし、熱烈な関羽贔屓には申し訳ないが、現実には、関羽が華雄の首を斬ったばかりか、戦った記録もない。華雄の首を斬っ

左の断崖の上に呂布城があったといわれている

たのは孫堅軍で、それも長沙から洛陽への北上途上にある陽人においてのことであった。

それればかりか、そもそも『演義』に記されたこの「汜水関の戦い」自体、架空の戦いである。同書では、その後董卓が二手に分かれて進軍し、李傕《りかく》・郭汜に5万の兵を率いさせて汜水関へと向かわせ、自身は15万もの大軍を率いて虎牢関の守備にあたったとしているが、汜水関と虎牢関は、実は同じところのことで、時代によって呼び名が違っていただけである。陳寿がそのあたりの地理には無頓着だったからなのかどうかは不明だが、袁紹が王匡、喬瑁、鮑信、袁遺、孔融、張楊、陶謙、公孫瓚を虎牢関に向かわせ、曹操にも加勢させて、董卓軍と戦ったことにしている。この時登場するのが、獣面呑頭の連環の鎧を付けて赤兎馬《せきとば》にまたがった呂布なのである。この後の展開は、三国志ファンなら誰もが知っている、呂布VS.張飛、関羽、劉備の激戦「三英戦呂布」の名場面である。ここでもまた三国志ファンには申し訳ないが、「三英戦呂布」が事実であるわけもなく、「虎牢関の戦い」さえ、架空の物語だったのである。つまり、汜水関（虎牢関）において、反董卓連合軍の面々が董卓軍と戦ったという記録は何もないのである。彼らは橋瑁の呼びかけに応じて反董卓を掲げたものの、実際には1ヶ所に集結することもなく、個々、バラバラに駐屯したままであった。袁紹は河内に、張邈、劉岱、橋瑁、袁遺は酸棗《さんそう》に、袁術は南陽に、孔伷は潁川《えいせん》に、韓馥は鄴《ぎょう》にいたままであったことが「武帝紀」に記されている。各々がいずれも董卓を怖れて出陣を尻込みしていたことにいら立った曹操が、張邈配下の衛茲《えいじ》とともに、滎陽において奮戦したものの、流れ矢に当たって這々の体で逃げ戻るのがやっとという情けない状況だったのである。

ちなみに、『演義』では、前述した「三英戦呂布」の名場面を記したように、劉備も華々しく活躍させているが、正史『三国志』では、「先主伝」はもとより「武帝紀」にもその名は登場しない。

謎 反董卓連合軍の面々は、皆憎しみあっていた？

真実は？

袁術は袁紹を妬んでいたばかりか、劉岱と橋瑁、曹操と王匡も仲が悪かった！

前項、前々項に引き続いて、反董卓連合軍のお話である。同連合軍に名を連ねた諸侯たちが出陣することもせず、ただ毎日大会議という名の酒盛りに明け暮れていたのはなぜかというお話である。彼らの中で、董卓と戦ったのは、曹操、孫堅、王匡らだけで、それ以外、ついには一度も団結して戦うことなく解散している。その理由は、諸侯間の結束が弱かったことにほかならない。

『三国志演義』では、血気盛んな猛将たちが、盛んに一騎打ちの勝負に挑んで読者を喜ばせているが、実際の反董卓連合軍の面々は、互いに牽制しあって出陣を見合わせていたのである。この時代の諸侯たちは、あわよくば「天下取りは自らの手で」と願ってのし上がってきた者たちだけに、同盟軍とはいえ、自らの利害を優先して、他者の動きを虎視眈々と窺っているうちに、つい機会を逃して散り散りになってしまった…というのが実状であろう。それにしても、なぜ結束力が弱かったのか、それには、実は大きな理由が潜んでいた。彼らは一時的に同盟を結んだとはいえ、個々、憎悪とまでいいきれるほどの並々ならぬ対立、因縁があったからである。

まず、袁紹と袁術の間柄から見ていこう。袁紹は、袁術の従兄（または異母兄）にあたる同族であるが、袁術は常日頃から声望の高い袁紹を妬んでいたといわれる。『演義』では、孫堅の功績を妬んで兵糧を出し惜しみしたことで孫堅を窮地にたたせているが、正史『三国志』「公孫瓚伝」及び裴松之が注に引いた『典略』などには、袁紹を

反董卓連合軍の同志であった曹操と袁紹も、ついには官渡において激突している（ドラマ『三国志 Three Kingdoms』©中国伝媒大学電視制作中心、北京東方恒和影視文化有限公司）

も交えた、もっと複雑な対立模様が記されている。もともと孫堅は、袁術によって豫州刺史に任命されていた者であったが、袁紹がそれを無視して、周昂《しゅうこう》を独自に豫州刺史に任命して孫堅を攻撃させたことがあった。孫堅は陣地を奪い取られて糧道が断たれたことで、董卓討伐にも失敗。怒った袁術は孫堅に周昂を攻撃させたものの、孫堅の援軍として派遣した公孫越が流れ矢に当たって戦死。袁紹を恨んだ公孫越の従兄・公孫瓚が袁術に与《くみ》して、2人の対立をさらに増幅させたのである。

また、兗州刺史の劉岱と東郡太守の橋瑁（喬瑁）の仲の悪さは、『演義』でもお馴染み。そこでは、連合軍の解散直前に劉岱が喬瑁に軍糧の借用を申し出たものの、これを断られたため「喬瑁を殺してその将兵をことごとく奪い取った」と記されて

憎しみあいの末、愚かな戦いが繰り広げられた（ドラマ『三国志 Three Kingdoms』©中国伝媒大学電視制作中心、北京東方恒和影視文化有限公司）

いるが、正史では「仲が悪かった」とのみ記されるだけで、事情は不明である。

また、河内太守の王匡は、河陽津に駐屯して董卓軍に攻撃をしかけたものの全滅の憂き目に遭った人物だが、袁紹の命で娘婿の執金吾・胡母班《こぼはん》を殺したことがあった。怒った胡母班の親族が、曹操と手を組んで王匡を殺害している。ここでも、袁紹と曹操の並々ならぬ因縁が感じられるのである。

ちなみに、この反董卓連合軍に加盟した諸侯たちの地位とその後について触れておきたい。連合に参加した諸侯たちの肩書きは、多くが刺史、太守、牧であるが、その品秩(位階)は、多くが五品。これに対して曹操の奮武将軍は四品。袁術の司隷校尉や後将軍は三品と格段に上。袁紹も当時の肩書きは渤海太守（董卓に任じられたもの）であるとはいえ、それ以前は司隷校尉（何進に任じられたもの）の地位にあったため、諸侯からは袁術同様、一目置かれていたとみるべきであろう。また、諸侯たちのその後であるが、実のところ、その多くが、連合軍解散から2年もたたずに死去しているというのにも驚かされる。孔伷、橋瑁、劉岱、王匡、韓馥、袁遺、鮑信らがそうで、いずれも、初平3（192）年頃までに死去したと見られている。それも、孔伷以外は皆、戦死か暗殺あるいは自害という死に様であったというのは、何やら因縁めいていていて空恐ろしい。

謎 文醜、車冑を斬ったのは関羽ではなかった？

真実は？

文醜を斬ったのは曹操軍というだけで、車冑を斬ったのも劉備軍というだけであった！

関羽といえば、三国随一の武将としてその名が知られる猛将である。『三国志演義』では、反董卓連合軍の一員に加わった公孫瓚の配下として、関羽が猛将・華雄を一刀のもと斬り落として（史実は孫堅軍が殺害）諸侯たちの度肝を抜いたことでその名を知られたとしている。曹操と袁紹による天下分け目の大決戦「官渡の戦い」の前哨戦ともいえる「白馬の戦い」においても、同書では、関羽が袁紹軍の猛将・顔良、文醜を討ち取ったことにして、またもやその名を高めさせている。しばし、その経緯を振り返ってみよう。

時は建安5（200）年、夏4月（旧暦）。総勢15万の兵を有する曹操が、兵を三手に分けた後、その一軍5万の軍勢を率いて白馬に陣を構えた時のことである。禿げ山の上に塞を築いて眼下を見下ろすと、袁紹軍の猛将・顔良が10万もの先鋒隊を率いて陣を敷くのが見えた。焦った曹操は、宋憲、魏続、徐晃を立て続けに戦わせたものの、誰一人としてこれを打ち負かせる者がいなかった。そこで白羽の矢がたてられたのが、曹操陣営に一時身を寄せていた猛将・関羽であった。「あの首を討ち取れるか？」と曹操が言い切る間もなく、関羽は悠然と馬に飛び乗り、青龍刀を逆手に持って山を駆け下りていくのである。顔良は関羽の突進に身をかわす余裕もなく、関羽の一太刀を浴びて刺し殺されてしまった。この関羽が顔良を斬ったという話は、正史『三国志』「関羽伝」にも記されている。そこでは「大軍のまっただ中で顔良を刺し、その首を斬りとって帰ってきた」とあるところからも、関羽の顔良征伐は事実と思われる。

しかし、その後、顔良の仇を討たんと出陣してきた文醜まで関羽が討ち取ったというのは「嘘」である。7万もの兵を従えて躍りかかってきた文醜に、張遼や徐晃が立ち向かうも歯が立たない。そこへやってきたのが、またもや関羽というのである。三合も戦わないうちに臆病風に吹かれた文醜が馬を返して逃げるところを、背後から一太刀浴びせて斬って落としてしまった…というのが、『演義』の物語であった。

実のところ、正史「関羽伝」には、関羽が顔良を討ち取った後、曹操のもとを離れたこ

関羽に斬られる文醜（ドラマ『三国志 Three Kingdoms』© 中国伝媒大学電視制作中心、北京東方恒和影視文化有限公司）

とは記しているが、その前後のどこにも、文醜の名は一切記載されていない。その時の文醜の動向を記しているのは「武帝紀」であるが、そこでは、5～6千の騎兵を率いた文醜が、袁紹陣営にいた劉備とともに曹操軍に襲いかかったものの、曹操が放った輜重隊を囮《おとり》と知らずに収奪している間に、曹操軍が攻撃を仕掛けて「文醜を斬った」と記している。「袁紹伝」にも「太祖はこれ(劉備と文醜)を撃破して文醜を斬り殺した」とあるが、曹操自身が戦場に出て一騎打ちを演じることは考え難いので、曹操軍内の誰かが討ち取ったとしか言

『演義』では関羽が顔良だけでなく文醜まで仕留めたことになっている

いようがないのである。

　また、「白馬の戦い」から遡ること数ヶ月前。劉備が、曹操に反旗を翻して立ち去ろうとした際に、徐州刺史・車冑《しゃちゅう》を襲撃して殺害したということが正史「先主伝」に記されているが、『演義』では、これも関羽が斬ったことにしている。ここでは珍しく関羽が奇計を用いているというのがユニークだ。曹操軍の鎧かぶとや旗印まで揃えて張遼の一軍に扮した関羽が、車冑を騙《だま》して城からおびき出して戦う。ここでも逃げる車冑を一刀両断。斬り取った首を引っさげて、悠々と戻ってくるのであるが、これもまた劉備軍のうちの誰が討ち取ったのかは、実のところ不明のままなのである。

謎 関羽は、本当に強かったのか？

真実は？

顔良を刺し殺したという以外、何ら武勇伝が記されることはなかった！

「智謀」の諸葛亮と並んで、「武勇」の関羽の人気が高いことは、三国志ファンも等しく認めるところであろう。『三国志演義』はもとより、それをもとにして脚色を加えられた吉川英治版『三国志』や横山光輝版コミック『三国志』などでも関羽の活躍ぶりは凄まじい。それらに記された関羽は、華雄や車冑、顔良、文醜などをいとも容易く斬り落としただけでなく、程遠志、管亥《かんがい》、荀正《じゅんせい》、王忠《おうちゅう》、孔秀《こうしゅう》、孟坦《もうたん》、韓福《かんふく》、卞喜《べんき》、王植《おうしょく》、秦琪《しんき》、蔡陽《さいよう》、楊齢《ようれい》、夏侯存《かこうそん》、龐徳《ほうとく》、蔣欽、潘璋《はんしょう》、于禁《うきん》など21人に勝利し、呂布（2度）、紀霊、夏侯惇（2度）、黄忠ら4人とは互角の勝負を演じるという傑物ぶりであった。それでも、生涯にたった1度だけ、敗れたことがあった。それは、関羽が荊州を攻め取られたことを知らずに、樊城攻撃《はんじょう》に明け暮れていた時のことである。突然、徐晃の軍勢に攻め込まれて驚く関羽に、徐晃が大斧《おおおの》を振り回して戦いに挑んできたのである。この時関羽は、まだ毒矢の傷が直りきらず、右肘に力が入らなかったという悪条件の中で戦わねばならなかった。八十合余り打ち合ったところで、見かねた関平が銅鑼《どら》を打ち鳴らしたことで、関羽は自軍へと戻って命拾いした。関羽のハンディを鑑みれば、この一敗は、多少割り引いて見るべきかもしれない。

以上はあくまでも小説として語られたものをもとにしたデータである。しかし、実のところ、史実としての関羽像を探る場合は、これらの事象はすべて忘れる必要がある。

史実としての関羽は、本当に強かったのだろうか？　これこそ、多くの関羽ファンにとって最も知りたいことかもしれない。ともあれ、「関羽伝」をひも解いて検証してみることにしよう。そこに記された関羽の武勇に関する記事を拾ってみることからはじめたい。

そこでは、69ページにも記した「顔良を刺し殺した」という記事を見つけることができる。しかし、それ以外となると、実のところ関羽が一騎打ちで誰かを仕留めたというような話は、皆目見つけることができないのである。于禁を降伏させ、龐徳を斬ったとの記事はあるものの、これが関羽との一騎打ちの果てのことなのかは不明。ただ、関羽の威信が

「中原の地を震動させた」と記すだけである。そればかりか、臨沮《りんしょ》へと追いつめられた関羽は、最後には潘璋によって斬り殺されている。つまり関羽は、顔良を刺し殺した以外、まったくといっていいほど、武勇なるものは何も記されることはなかったのである。そこには、華雄はもとより、車冑、文醜と戦った記録もなければ、次々と関所の将を斬り捨てていった「五関六将」の話も、猛将呂布と互角に戦った「三英戦呂布」の話も、黄忠と互角に戦った話さえ見当たらないのだ。

それにもかかわらず、関羽が三国志随一の猛将と語られたのはなぜなのか？　真っ先に考えられるのは、羅貫中創作説であるが、これは正しいとは言い難い。実は、関羽を三国随一の武人に仕立てたのは、関羽が死して羅貫中が同書を書きはじめるまでの関羽の人物像を語り継いだ多くの無名の人たちだったからで

通俗三国志之内黄忠魏延献長沙（歌川国芳）より

ある。羅貫中が生きた明代は南宋の朱熹が打ち立てた儒教の新しい体系・朱子学が国学となって重んじられた時代であった。秩序や礼、大義名分や義を重んじ、「正義を行動で示す」ことを求めるという思想が広まっていったのである。このような社会情勢の中で、三国時代の武将たちも、各々正邪の役割を押し付けられることになる。曹操を悪の権化としての奸絶、諸葛亮を賢相としての智絶、関羽を義人の極みとしての義絶として持ち上げるとともに、武人としての能力をもあわせて格上げさせた結果と考えられるのである。となれば、本来の関羽の武人としての能力は、「たいしたものではなかった」とは言い切れないにしても、その大半は後世の粉飾と言わざるを得ないのである。

通俗三国志之内華佗骨刮関羽箭療治図（歌川国芳）より

謎 架空の美女・貂蟬には モデルがいた？

真実は？

貂蟬は実在の女性であったと、今なお信じる村があった！

貂蟬《ちょうせん》といえば、三国志ファンなら誰もが知る「美女連環の計」をもって、呂布に董卓殺害をけしかけたとされる架空の美女である。その美貌は、西施、楊貴妃、王昭君と並んで中国四大美女のひとりに数えられるほどであったといわれるが、いったい誰が見比べて美女と見定めたのだろうか？

実は、架空と思われていた貂蟬は、とある小さな村においては、今なお実在の人物であったと信じられているのである。実在説を証明するかのように、貂蟬の墓まで実在するのだから驚かされる。いったい、どういうことなのだろうか？

貂蟬の墓があるのは、山西省太原市から北へ70㎞の忻州《きんしゅう》市近郊（中心部から南東へ３㎞）

妖艶さを武器にした貂蝉（ドラマ『三国志 Three Kingdoms』©中国伝媒大学電視制作中心、北京東方恒和影視文化有限公司）

の小さな村・木芝村である。古都・洛陽から北に400㎞、その北150㎞以北は内モンゴル自治区という辺境の地である。そこに、直径10m、高さ5mものこんもりとした土盛りの墓があり、「貂蟬之墓」と書かれた碑が墓前に立てられているのだ。すぐ側には、貂蟬像と思しき女性立像もある。

地元住人たちの話では、かの貂蟬はここの生まれで、呂布亡き後、再びここに戻って、生涯を過ごしたというのである。意外なことに、貂蟬の帰郷にひと役買ったのが関羽だったという話も、まことしやかに言い伝えられている。同市内に建てられたひときわ立派な関羽廟が、何やら曰くを物語っているようにも見えてくる。ロマンあふれる話だけに、できれば素直に信じたいところではあるが、残念ながら信じるには足らない。中国では、

呂布（左）をたぶらかす貂蝉像（右）

このような眉唾ものの史跡もどきが実に多いので、これも話半分と考えるのが無難そうである。そういえば、同市には、かつて伝説と思われていた夏王朝の創始者・禹王《うおう》ゆかりの地と言い伝えられる禹王洞もあった。中国全土に「我こそ禹王ゆかりの地である」と主張するところが50ヶ所もあることをみれば、これもまた眉唾ものと考えざるを得ないのである。

ともあれ、『三国志演義』では、当時実権を握っていた董卓と、そのボディーガードであった呂布の2人を虜にしたとされる貂蝉の名は、少なくとも正史『三国志』に記されていない。それでも、2人と関係をもった女性がいたことは、陳寿もさりげなく記している。「呂布は董卓の侍女と密通し、そのことが露見するのを恐れて、内心おちつかなかった」と「呂布伝」の中に書き記しているのである。その後は一切呂布の女性にまつわる話は記されていないが、曹操に下邳《かひ》城を攻められた際、袁術に救援をもとめるために娘を背負って城を抜け出したことが記されているから、妻がいたことは間違いない。この女性が、かの侍女であったかどうかは定かではないが、女性には疎いと思われる呂布の一途なイメージを損なわないためには、そうあって欲しいと願うばかりである。羅貫中がこの侍女をモデルにして貂蟬を登場させたことは、おそらく間違いないだろう。貂蟬というのも、本来は名前ではなく、貂（てん）の尾と蟬（せみ）の羽を模して作られた女性の装飾品のことで、これを管理する貂蟬宮なる役職もあったとの説もある。となれば、羅貫中が貂蟬と名付けたのも、密かに宮殿に仕える侍女を暗示させるためであったかもしれないのだ。貂蟬にまつわる伝承の中には、本来は不美人で、王允が名医・華佗《かだ》に頼んで首を西施、肝を荊軻《けいか》のものに取り替えてもらって董卓と呂布のもとに送り込んだというものもある。また、曹操と関羽が貂蟬を取り合った末、関羽が手に入れたものの、女の虜になることを恐れた関羽が貂蟬を斬ってしまう話まである。冒頭の木芝村に言い伝えられた関羽との謂《いわ》れも、こんな伝承から生まれた逸話なのかもしれない。

『三国志演義』巻頭に記された「桃園結義」の舞台へ

劉備、関羽、張飛の３人が契りを結んだ
『演義』幕開きの舞台を訪ねたい。

小説『三国志演義』に登場する「桃園結義」の舞台ともなったのは、北京の南60kmほどの涿州《たくしゅう》という街である。人口１００万を越える大都市ではあるものの、街道を少し離れれば畑が広がるという長閑《のどか》なところである。その街道のはずれに劉備の生家があったことは史実である。大樹楼桑学校という名の小学校すぐ近くにある林の中で、「漢昭烈皇帝劉備故里」と刻まれた石碑がポツンと置かれている。

実のところ、史実として特定できるのはそれだけであるが、周辺にはなぜか、３人が出会ったことを示す様々な史跡もどきが点在している。３義兄弟を祀《まつ》った「三義宮」をはじめ、張飛が肉をぶら下げたとされる「張飛井戸」や３人が義兄弟の契りを結んだという「桃園三結義の石板」に加え「張飛の墓」までもが、いかにも遺跡然として堂々と置かれているのだ。ともあれ、ここでは細かいことはとやかくいわず、『演義』の侠気にどっぷりと浸ってみようではないか。

三義宮入口の３つのアーチは三義兄弟を表わしている

三義宮内に祀られた劉備像。左右に関羽、張飛もいる

桃園で祝宴をあげる３人の塑像《そぞう》

「三英戦呂布」の名勝負の舞台へ

「人中の呂布」と讃えられた猛将・呂布に
張飛、関羽、劉備が立ち向かった名場面。

　これもまた、小説『三国志演義』にしか登場しないお話であるが、三国志史上最強と讃えられた猛将・呂布が、反董卓連合軍の一員として曹操陣営にいた劉備、関羽、張飛の３人と矛を交えた「三英戦呂布」の戦いぶりも、三国志ファンにはたまらない名場面である。「人中の呂布」と讃えられた猛将に張飛が挑むも決着がつかず、関羽が加勢してもまだまだ互角。最後に劉備までもが加わってようやく分が悪いと退散してしまうという名勝負である。

　その舞台とされたのが、洛陽の東に位置する虎牢関。あたり一帯、長閑な田園が広がるところで、今はガラスケースに入った虎牢関と刻まれた石碑がぽつんと置かれただけの寂しさではあるにもかかわらず、訪れる人は跡を絶たない。すぐ近くには、呂布が拠点としていたと伝えられる呂布城もある。近隣の住居には黄土を掘った穴蔵を利用した横穴式住居も健在。小さいながらも、三義兄弟を祀った「三義廟」もある。

三国志史上最強といえるのはやはり呂布か

董卓の首塚があるという小さな村へ

洛陽周辺に残された数少ない
三国遺址のひとつ。

専横の限りを尽くした董卓が、都を長安へと移した際、旧都・洛陽をことごとく焼き尽くしてしまったことは史実である。そのため、これ以前の歴史的遺産を目にすることはできない。再建された白馬寺と、わずかに残る洛陽故城の城壁から、当時の面影を空想するほかないのだ。その悪逆非道の輩である董卓の首塚が、どういう経緯かは不明ながらも、虎牢関の南西20㎞ほどのところにあると聞いて、訪ねてみることにした。山あいの小さな村の奥に、その陵墓があるという。村の入口に、「董陵」と刻まれた石碑が置かれ、裏にはその謂れも刻まれているが、地元の人たちにとっては、ただのバス停の目印にすぎないようである。

董卓の陵墓とされる丘陵地

董陵村入口に置かれた石碑はバス停の目印にも

後漢末期～三国時代の合戦一覧

年代	合戦名
184年	黄巾の乱
185～189年	辺章・韓遂の乱
190年	滎陽の戦い
191年	陽人・大谷関の戦い
192年	襄陽の戦い
192年	界橋の戦い
192年	青州黄巾賊討伐戦
193年	匡亭の戦い
193～194年	徐州討伐戦
194～195年	濮陽・定陶の戦い
194年	馬騰・韓遂の戦い
195年	李傕・郭汜の戦い
195～196年	牛渚の戦い
196年	会稽の戦い
197～198年	宛城の戦い
198年	下邳の戦い
198～199年	易京の戦い
199年	西塞山の戦い
200年	小沛の戦い
200年	白馬・延津の戦い
200年	官渡の戦い
200～201年	汝南の戦い
202年	博望坡の戦い
202～203年	黎陽の戦い
203年	夏口の戦い

204年	鄴城の戦い
205年	南皮の戦い
205~206年	壷関の戦い
207年	白狼の戦い
208年	夏口の戦い
208年	長坂坡の戦い
208年	赤壁の戦い
208~209年	江陵の戦い
208~209年	荊州4郡平定戦
211年	潼関の戦い
212~213年	濡須口の戦い
213年	冀城の戦い
211~214年	成都の戦い
214年	略陽の戦い
215年	陽平関の戦い
214~217年	合肥・濡須口の戦い
217~218年	下弁の戦い
219年	定軍山の戦い
219年	漢中の戦い
219年	樊城の戦い
221~222年	夷陵の戦い
222~223年	曹丕の南征
224~225年	広陵の戦い
223年頃~	南中の反乱
225~226年	南蛮平定戦
228年	街亭の戦い
228年	石亭の戦い
228年	陳倉の戦い

229年	武都・陰平の戦い
230年	赤坂・成固の戦い
231年	祁山の戦い
234年	五丈原の戦い
233～234年	合肥新城の戦い
238年	襄平の戦い
239年	廖式の乱
244年	興勢山の戦い
246年	高句麗討伐戦
247～249年	姜維の雍州侵攻
249年	司馬懿のクーデター
250～251年	魏の呉領侵攻
252～253年	東興の戦い
253年	合肥新城の戦い
254年	李豊の戦い
255年	壽春の戦い
257年	諸葛誕の反乱
253～262年	姜維の北伐
263年	蜀討伐戦
279～280年	呉討伐戦

「赤壁の戦い」前夜から「天下三分」の時代へ

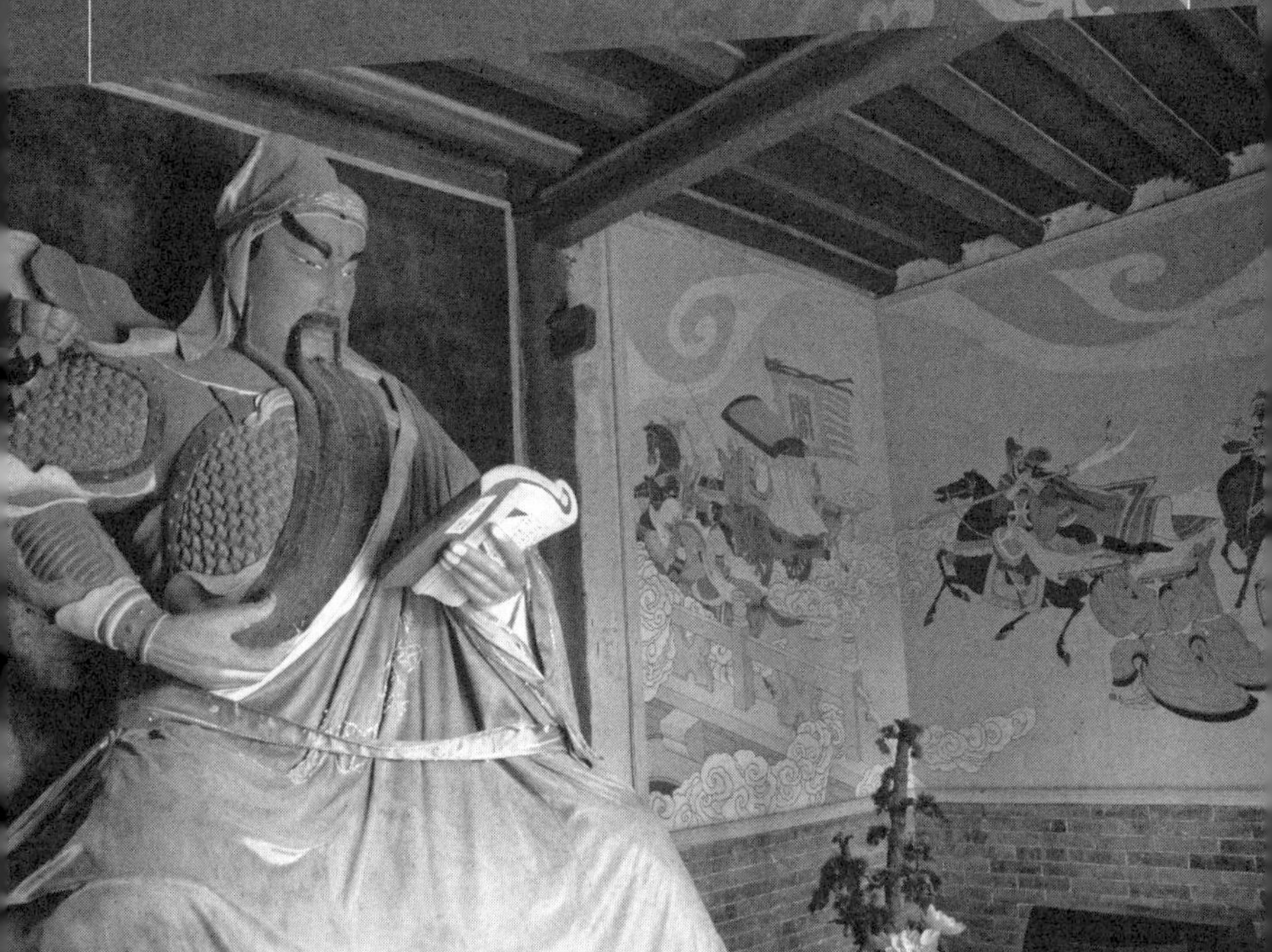

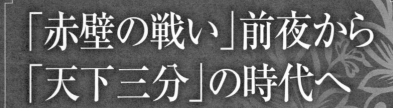

謎 「三顧の礼」は本当にあったのか？

真実は？

劉備が諸葛亮の草庵を訪ねたのではなく、諸葛亮のほうから劉備を訪ねたとする説があった！

ここからは、いよいよ三国きっての智謀の人・諸葛亮の登場である。新野に駐屯していた劉備が、徐庶に促されて3度も訪問した末に、劉備陣営に加わったことは、正史『三国志』「諸葛亮伝」にも記されている話である。徐庶は諸葛亮を「臥龍」と評したことに劉備が興味を示し、「連れてきてくれ」と頼み込んだものの、徐庶《じょしょ》から「無理に連れてくることはできず、自ら出向いていくしか会えません」と言われてしまう。この助言をもとに何度も草廬《そうろ》を訪ねたあげく、ようやく3度目にして諸葛亮本人と会うことができたというのだ。

『三国志演義』では、単福《ぜんふく》の名を騙る徐庶とその母親を登場させて、曹操がこれを誘拐して徐庶を劉備から引き離すストーリーを書き加えている。徐庶が劉備のもとを立ち去る

「三顧の礼」は本当にあったのか？

『玄徳風雪ニ孔明ヲ訪フ』（月岡芳年）国立国会図書館蔵より

際、襄陽《じょうよう》城から20里は離れた隆中に臥龍と讃えられた賢人がいることを伝えたことで、劉備が隆中へと訪ねていくのである。1〜2度目は本人と会えず、3度目にしてようやく本人と出会えたあたりは、正史の記述と矛盾するところはない。ただ、その間に繰り広げられた崔州平《さいしゅうへい》や石広元《せきこうげん》、孟公威《もうこうい》、諸葛均《しょかつきん》、黄承彦《こうしょうげん》らとの出会いの詳細は、羅貫中の創作である。3度目にしてようやく諸葛亮と会うことができた劉備は、そこで覇業を成就して漢王朝復興のために為すべき「天下三分の計」なる構想を打ち明けられるのであった。

この劉備が3度も諸葛亮の草廬を訪ねたという話は、「諸葛亮伝」に記された「出師《すいし》の表」にも登場する。それは建興5（227）年に北伐を前に後主・劉禅にあてた上奏文にある。その中で諸葛亮が、「先主（劉備）が身を屈して、三たび臣を草屋のうちにご訪問く

古隆中のシンボルともいうべき牌楼

ださった」ことをあらためて書き連ね、劉備から大きな期待をかけられていたことを強調している。

しかし、本来、「三顧の礼」とは、儒者を宰相に迎える際に行う最上の礼である。諸葛亮は人物批評家・司馬徽《しばき》のお墨付きを得ていたとはいえ、当時はまだ無冠の書生にすぎない若者であった。それが、初老の域に達し始めた左将軍・豫州牧という華々しい肩書きを有していた劉備が、本当に身を屈してこちらから出向くということがあるだろうか？　この素朴な疑問にすんなりと答えてくれるのが、裴松之が注に引く『魏略』であった。

そこには、「劉備が諸葛亮を訪ねた」のではなく、「諸葛亮が樊城に駐屯していた劉備を訪ねて会見に臨んだ」と記しているのだ。この時、劉備は諸葛亮と旧知でないうえ、年も若いので見くびっていた。会見後も立ち去ろうとしない諸葛亮に対して口を開くことなく、黙々と牛毛を繋《つな》ぎ合わせるだけであった。諸葛亮がそれを咎《とが》めるや、劉備は編み物を投げ捨て、諸葛亮の軍備増強の秘策に耳を傾けた…とするのである。

この劉備が先か諸葛亮が先かについては、実のところ、今もってどちらが正しいのか定説はない。ユニークな説としては、どちらも正しいというものもある。諸葛亮が先に劉備のもとを訪ねて進言したものの、劉備が納得しきれず一旦諸葛亮を帰し、後になってその真価に気付いて、劉備のほうから礼を尽くして訪ねていったというのである。

また、3度目にようやく本人に会えたという点に関しても、実は3度とも会っていたという説もある。これらのいずれが史実かは、今となっては不明としかいいようがない。

ちなみに、諸葛亮が暮らしていたという草廬は、湖北省襄陽市の中心街から西へ15㎞ほどの山あいにある古隆中とするのが一般的だが、実はもう一ヶ所、河南省南陽市の臥龍崗もその比定地を自認している。それは、諸葛亮が認めた『出師の表』の中で、「自ら南陽に耕す」と記していたことを根拠とするからである。しかし襄陽市の古隆中が、漢代の頃には南陽郡に属していたことがあったという事実から判断すると、どうやら古隆中の方に軍配があがりそうである。

謎 「天下三分の計」の発案者は諸葛亮ではなかった？

真実は？

諸葛亮が表明するより8年も前に、すでに呉の魯粛が孫権に進言していた！

劉備が「三顧の礼」を以てようやく諸葛亮との対面を果たしたのは、建安12（207）年のことであった。この時、諸葛亮から進言されたのが、曹操、孫権とともに鼎《かなえ》の一端を担うという「天下三分の計」（「隆中対」「草廬対」とも呼ばれる）である。

まず、曹操がすでに百万の軍勢を有し、天子を擁立して天下に号令している以上、これに単独で戦うことは不可能という。また、江東を支配する孫権も、国家は堅固で領民もよく懐き、有能な臣下にも恵まれていると見ている。今劉備が為すべきは、暗愚な領主が領有する荊州や益州を支配し、西方の蛮族や南方の異民族を手なずけ、外では孫権とよしみを結んで、政治を修めるべしというのである。その上で、天下に変事が起きた時、荊州と

諸葛亮が「天下三分の計」を披露する塑像（古隆中の三顧堂内にて）

益州の両面から、曹操の宛、洛、秦川へと出陣すれば覇業が成就するというのだ。

　この「天下三分の計」、発案者は諸葛亮ではない。彼が劉備に進言するよりも前に、その原案ともいえる戦略を表明していた人物がいたのである。それが、呉に仕えた魯粛《ろしゅく》であった。魯粛はもともと臨淮《りんわい》郡東城県生まれの資産家であったが、揚州きっての名士・周瑜《しゅうゆ》に資金を提供したことで名声を得て名士の仲間入りを果たした人物である。周瑜の推挙によって、就任間もない呉の孫権に仕えた。その最初の出会いの折に、孫権に進言したのが、「江東の地を足場にしながら、鼎峙《ていじ》しつつ、天下のどこかに破綻が生じるのを見守る」ことが重要ということである。ここに記された「鼎峙」というのは、『広

魯粛こそが「天下三分の計」の発案者であった（ドラマ『三国志 Three Kingdoms』©中国伝媒大学電視制作中心、北京東方恒和影視文化有限公司）

辞苑』によれば「鼎の足のように、三方に相対してたつこと。鼎立」というのである。具体的にその三方がどことは記していないが、天下を三分して、その一端を担うという意味合いは変わらない。孫策が殺されて孫権が跡を継いだのは建安5（200）年のこと。魯粛が孫権との会談に臨んだのが具体的にいつかは正確には記されていないが、おそらく孫権就任からさほど時を経た頃ではなかったはずである。就任直後となれば、諸葛亮が劉備に語るよりも8年も前に、その大局を孫権に提案していたことになる。その後、劉表が死去した建安13（208）年には、魯粛は、劉備が劉表の息子たちと歩調を合わせることを想定して、劉備、曹操、孫権による三分の計を押し進めるよう再び孫権に進言している。この時の魯粛の思いは、諸葛亮のそれと同様、孫権と劉備が同盟を結んで曹操と対峙するというものであった。

ただひとつ、両者の認識であきらかに異なるのが、漢の王室に対する思いであった、諸葛亮は、劉備や孫権など多くの面々同様、漢王室の再興を名目としているのに対して、魯粛は漢王室再興など不可能との思いをはっきりと表明している点であろう。当時にあっては、少々開明的に過ぎるというべきであろうか。

ともあれ、幸いにも諸葛亮と魯粛が思い描いた大枠としての共通の構想は、孫劉同盟の締結によって、実現したかにみえたが、その結束は、決して力強いものではなかった。荊州の領有をめぐる両者の攻防が激しくなるにつれて、次第に対立の様相をみせはじめるのである。今にも崩れそうな両者の結束をかろうじてつなぎ止めていたのは、魯粛の卓越した外交能力あってのことであった。建安22（217）年、魯粛が病に倒れてこの世を去ってしまうと、両者をつなぎ止めていた糸もぷっつりと切れて、劉備陣営に不穏な空気が漂っていったのである。

ちなみに、諸葛亮が劉備に「天下三分の計」を語った時を前後として、諸葛亮の兄・諸葛瑾はすでに呉に仕え、族弟の従弟（はとこ）であった諸葛誕は魏に仕えていた。その点を考慮に入れて考えると、諸葛亮は漢朝再興を願う劉備のためだけに大計を考えたのではなく、三国にまんべんなく配置した親族の安泰を図る策として、この計を考えていたのではないかとも推測できるのである（詳細は120ページを参照のこと）。

謎 魯粛は天才外交官？

真実は？

関羽をしどろもどろにさせた剛胆な人物で、呉にはなくてはならぬ功労者であった！

魯粛《ろしゅく》といえば、『三国志演義』では、諸葛亮や劉備らに良いようにあしらわれたばかりか、自軍の周瑜にさえ詰め寄られるという損な役割を演じている。魯粛の働きによって劉備に荊州を貸し与えたものの、一向に返そうとしない劉備らの対応に業を煮やした孫権からも責任を問われたこともあった。孫権、周瑜と劉備、諸葛亮との間に立って、常に右往左往させられるという真面目で温厚、かつお人好しなキャラクターとして登場する。見方を変えれば、それは諸葛亮らを引き立てるための道化師としての役割ということもできるのだ。

それが端的に表れているのが、「単刀赴会」での魯粛の態度であった。荊州返還を求めて関羽との会見に望んだ魯粛が、泰然自若に構える関羽とは対照的に怯《おび》えて顔もあげられないような状況で、関羽に良いようにあしらわれてしまうシーンは、魯粛の人柄を象徴的に捉えている。

しかし、正史『三国志』に記された魯粛像は、『演義』に記された魯粛像とはまったく異なる。そこでは剛胆かつ明察力に優れた非凡な人物として描かれているのである。そもそも魯粛は、臨淮郡東城の裕福な家の生まれであったが、家業を放り出して財貨を盛大にばらまくというような剛胆な人物であった。居巣県の長となった周瑜が資金援助を求めた際には、2つあった米蔵のうち、1つをそっくり周瑜に与えたほどの気前良さであった。

裴松之が注に引く『呉書』によると、魯粛の風貌は魁偉《かいい》で、剣術や騎馬、弓にも巧みで、若者たちを集めて兵法の訓練を施していたというほど武術にも秀でた人物だったというところから、『演義』で見られるような軟弱さは見られない。

前述の「単刀赴会」の場面も、『演義』とは大きく異なっている。ここでは、魯粛から関羽のもとに出向いた上で、荊州返還を実行しない劉備を「自分のことばかりを計り、表面をとりつくろって、徳にもとり好に背いておられる」と非難した後、関羽自身に対しても「正義によってこの時世を正して行こうとされることなく、貧弱な軍勢を恃《たの》んで、力で事を決しようとしている」と強い口調で責め立てている。この魯粛の正当な主張に対して、

「単刀赴会」でしどろもどろだったのは関羽のほうであった

関羽は「言をもって答うるなし」つまり「ひと言も返答することができなかった」のである。会見の場で「しどろもどろ」だったのは、魯粛ではなく関羽のほうだったのである。

また、「天下三分の計」は92ページでも記したように、発案者は魯粛であった。その後、孫権に劉備との協調路線をとりながら曹操と対峙していくという「天下三分の計」の構想を勧め、さらにそれを現実のものとしたのも、魯粛の優れた外交能力が発揮されたからであった。この剛胆かつ有能な外交官であった魯粛がいなかったら、おそらく「天下三分の計」の構想すら、単なる絵に描いた餅に終わっていたに違いない。蜀に諸葛亮という天才丞相がいたように、呉にも魯粛という類い稀なる天才外交官がいたのである。そんな呉最大の功労者であった魯粛が死去したのは、建安22（217）年、魯粛46歳の時であった。『呉書』には、最後に彼の人柄について語っているが、それによれば、「方正謹厳で、自らを飾ることが少なく、その生活は内外とも質素であって、人々がもてはやすようなものには興味を示さなかった」と記した後、「周瑜亡き後、魯粛が呉を代表する人物であった」と締めくくっている。

岳陽にある呉の名将・魯粛の墓

謎 諸葛亮は「博望坡の戦い」に参加していなかった？

真実は？

202年に起きた「博望坡の戦い」に、諸葛亮が劉備の軍師として戦えるはずがなかった！

『三国志演義』に記された「博望坡の戦い」といえば、都督・夏侯惇が、副将・于禁、李典《りてん》、夏侯蘭《かこうらん》、韓浩《かんこう》とともに10万もの軍勢を率いて劉備の居城であった新野へと押し寄せてきたことで始まった戦いであった。劉備軍がこれを胸のすくような戦いぶりで、散々にやっつけて退散させるというストーリーである。それはまた、諸葛亮が劉備陣営に加わって初めての戦いでもあり、劉備軍団の面々にとっては、いわば諸葛亮の「お手並み拝見」といった意味合いもあった。特に義兄弟を差し置いて「水魚の交わり」などと劉備との親密な間柄を見せられ続けていた関羽や張飛にとって、「その腕前がどのくらいのものなのか見てやろう」という冷ややかな面持ちがあった。しかも、劉備の威光を背に受けて、次々と将軍たちに与える指示は、何とも腑《ふ》におちない奇怪なものばかりだっただけに、張飛などは鼻でせせら笑い、関羽にいたっては、「計略が図に当たらなければ、それから追求すればいい」とまで言い捨てて、しぶしぶ出陣していくのである。関羽には、千の軍勢を率いて豫山に潜伏するも敵を見逃して通過させよといい、張飛には千の軍勢を率いて裏の谷に潜伏して南の方角に火の手があがったら出撃しろという。趙雲には先鋒を命じたものの、勝ってはいけないなど、理解し難い命ばかりであった。

　ところが、いざ開戦となると、夏侯惇軍はどんどん谷間へと引き寄せられるように向かわされていく。火攻めに気がついた時には、すでに遅し。一面火の海と化して、多くの将兵たちが焼け死んでいったのである。諸葛亮の計略がことごとく図に当たって圧勝。関羽も張飛も、ついには諸葛亮

『演義』では、諸葛亮は「博望坡の戦い」で大活躍する（ドラマ『三国志 Three Kingdoms』© 中国伝媒大学電視制作中心、北京東方恒和影視文化有限公司）

にひれ伏す…という、スカッとするような戦いぶりが繰り広げられるのである。

一方、史実としての「博望坡の戦い」は、「李典伝」によれば、「劉備が屯営を焼いて逃げ去ったかのように撤退」して夏侯惇軍をおびき出して火攻めにしようとしたことが記されている。李典が伏兵が潜んでいることを予感して夏侯惇を諫めるも聞かれなかったことで、罠に嵌《はま》って負けそうになった。李典が救援に駆け付けたことで劉備軍が撤退したというから、戦況は一進一退。決して、『演義』のような圧勝というものではなかった。

しかも、重要なのは、そこに諸葛亮の姿がなく、指揮をとったのは劉備である。実は史実としての「博望坡の戦い」が起きたのは建安7（202）年前後のことである。劉備が諸葛亮の草廬を訪ねたのは建安12（207）年のことだから、諸葛亮が「博望坡の戦い」に劉備軍の一員として戦うことなどあり得ないのである。羅貫中は、諸葛亮の超人ぶりを読者に強くアピールするために、史実を大きくねじ曲げて、数年も前の戦いに無理矢理諸葛亮を投入したのである。

『演義』は話としては面白い。面白すぎて、記憶にしっかり残ってしまうから、時として史実とごちゃ混ぜになってしまうことが多い。「博望坡の戦い」は正史においても、年代が特定し難い書き方をしているので、余計に困惑してしまうのである。さらに、不思議なことに、戦いの主人公のひとりであるはずの魏の夏侯惇の伝記の中に、「博望坂の戦い」にまつわる記事がひと言も記載されていないというのも何やら曰くありげである。陳寿はここでも、何か秘めた思いがあったのであろうか？　少々気になるところである。

ちなみに、夏侯惇は、『演義』では軽卒で血気盛んな将軍として描かれている。敵に左目を射られた時は、「父からもらったものを捨てるわけにはいかない」と、目の玉を喰《く》らった話は有名。しかし、史実としての夏侯惇は、軍中でも勉学に励み、つつましやかで清廉な性格であったという。ここまで事実をねじ曲げてしまうのは「困りもの」と言わざるを得ないのだ。

「博望坂の戦い」の頃は、諸葛亮はまだ劉備陣営にはいなかった
イラスト：菊馳さしみ（北伐）

謎 張飛が長坂橋の上で仁王立ちになって曹操を追い払ったのは本当？

真実は？

張飛は切り落とした橋のたもとで、空威張りしたに過ぎなかった！

「長坂坡の戦い」といえば、趙雲が阿斗を抱きながら敵陣を縦横に駆け抜けて救い出すという名シーンが有名である。主君・劉備の正室・麋《び》夫人を救うことはできなかったが、劉備の子・阿斗（側室・甘夫人の子）をしっかりと胸に結わいて、立ちはだかる敵をバッタバッタと斬り捨てていくシーンは、『三国志演義』内における趙雲一番の見せ所であった。疲れ果てた趙雲がようやくの思いで長坂橋までたどり着くと、そこには橋の上で矛を構えて馬を立てている張飛が待ち構えていた。これでひと安心と、趙雲は後事を張飛に託して、劉備のもとへと飛んで行くのである。しかし、趙雲が苦心惨憺《さんたん》の末、阿斗を劉備に手渡したものの、侠気を見せつけるパフォーマンスのつもりか、あろうことか我が子を地面に投げ捨ててしまう。「子が亡くなれば、また作れば事足りる」とのたまう劉備の無慈悲さ加減に、偽善者・劉備の本性を見るようで、強い憤りを感じてしまうのは、筆者だけではあるまい。

さて、話を長坂橋に戻したい。趙雲から後事を託された張飛は、追いかけてきた文聘《ぶんぺい》をはじめ、曹仁、李典、夏侯惇、夏侯淵、楽進、張遼、張郃《ちょうこう》、許褚らに対して、今にも蛇矛を構えて、ドングリ眼を目一杯見開いて睨みつける。その気迫に怖じ気づいた文聘らは、近付くこともできず、橋のたもとに一列に勢揃いして足踏みするばかりであった。辺りを見回せば、橋の東の林の中から土煙が朦々《もうもう》とたちこめている。諸葛亮の計略に恐れを為していた文聘らは、伏兵が潜んでいると思い込んで、それ以上突撃しようとしなかった。恐れおののく魏軍の後方から曹操が駆け付けてくる。それを目にした張飛は、雷鳴のような声を張り上げて「われこそは燕人張翼徳なり。誰か勝負する者はお

張飛ゆかりの長坂橋があったとされる「張翼徳横矛処碑」の石碑

『一魁随筆』燕人張飛（月岡芳年）より

らんのか！」と怒鳴りつけたのである。これには夏侯傑《かこうけつ》が肝をつぶして馬から転落。それを皮切りに、曹操をはじめ、皆が一斉に馬首をめぐらせて逃走した。曹操といえば、冠も簪《かんざし》も落としてザンバラ髪である。魏軍が立ち去った後、張飛は橋を切り落として劉備のもとに颯爽と引き上げていく…のであった。以上が『演義』に記された「長坂坡の戦い」の一場面である。

では、史実はどうか？ まず「趙雲伝」を見てみよう。趙雲が阿斗を抱いて救出したことは、そこにも記されている。ただし、あわせて甘夫人をも保護したことは記したものの、趙雲の事績はこれだけである。後世の趙雲に与えられた名声を鑑みれば、あまりの素っ気なさに失望させられてしまう。

一方の張飛はというと、『演義』とは重要なところで内容が異なっているのがわかる。『演義』では張飛は橋の上に立って曹操らを追い払った後で橋を切り落としたことにしているが、「張飛伝」では状況が異なる。ここでは、張飛は先に橋を切り落とした上で、橋のたもとから曹操らに「来るなら来い！相手してやる」と怒鳴りつけているのだ。すでに橋がない以上、「来い！」といわれてもすぐには来れるわけもないから、張飛は安全圏に身を置きながら怒鳴っているのだ。いわば、空威張りで曹操らを脅していたにすぎないのである。

また、『演義』には長坂橋へと集結した魏軍側は、曹操をはじめ、文聘、曹仁、李典、夏侯惇、夏侯淵、楽進、張遼、張郃、許褚など錚々たる面々を書き連ねているが、「文聘伝」には「文聘が曹純とともに長阪（長坂）において劉備を追撃した」とあるだけで、ここに記されたそれ以外の面々の伝記には、いずれも長坂坡において戦ったという記述はみあたらない。馬からころげ落ちたとされる夏侯傑は、正史には記されていない架空の人物である。

なお、『演義』では劉備の正室・糜夫人は井戸に飛び込んで死んだことになっているが、正史にその死に関する記載はなく動向は不明。また、甘夫人は、劉備の側室で阿斗の実母。長坂坡では趙雲によって保護されたものの、それから間もなく死去。成都にある劉備の墓・恵陵に合葬されているのは甘夫人（昭烈皇后）のほうである。

謎

「赤壁の戦い」は本当にあったのか？

真実は？

撤退したのは疫病が流行ったためで、船に火を点けたのは曹操であったとの説もある！

金城武が諸葛亮を、トニー・レオンが周瑜を演じた映画『レッド・クリフ』は、いうまでもなく「赤壁の戦い」をモチーフにした日中合作の一大スペクタクル映画である。絶世の美女・小喬《しょうきょう》（リン・チーリン）や、気の強い孫権の妹・孫尚香《そんしょうこう》（ヴィッキー・チャオ）をも登場させて、殺伐とした戦闘シーンにほどよい色香を添えて、見る人の心を和ませてくれるのである。前編（２００８年公開）、後編（２００９年公開）とも、日本でも大ヒットして話題を呼んだものであった。

映画の大筋は、『三国志演義』に基づくもので、呉の周瑜と蜀の諸葛亮が凌《しの》ぎ合いながらもともに魏の曹操に立ち向かい、最後には、赤壁において、曹操の大船団を派手に焼き尽くして敗走させるという筋書きは変わらない。ドラマ『三国志 Three Kingdoms』でも「赤壁の戦い」の重要度は高く、長江に浮かぶ曹操船団が、視界の果てまで連なるシーンは圧巻である。いずれも『演義』が描いたように、劉備軍、孫権軍が協力し合いながら曹操の大船団を焼き尽くしてその天下統一の野望を打ち砕くのである。小説の場合は、迫力満点の映像を盛り込んで魅せる映画と違って、百万と号する曹操の大軍を周瑜軍の3万プラス劉備軍のわずかな兵で、どのような奇計を用いて立ち向かうのかという奇抜なストーリーが何より読者をワクワクさせるのであった。黄蓋が「苦肉の策」をもって曹操を欺き、蔣幹《しょうかん》を登場させて、黄蓋の投降話に信憑性《しんぴょうせい》をもたせるという念の入れようである。周瑜から持ちかけられた10万本の矢をこともなげに集め、さらには、火計に欠かせない東風を「奇門遁甲の術」をもって吹かせるなど、神仙もどきの活躍ぶりを見せつけたところで、サッと身を翻して立ち去っていく。まさに諸葛亮がいてこそ成り立つ三国志史上最大の戦いなのである。

燃え盛る「赤壁の戦い」シーン（ドラマ『三国志 Three Kingdoms』© 中国伝媒大学電視制作中心、北京東方恒和影視文化有限公司）

ところが、いざ正史をひも解いてみると、状況は一変する。『魏書』30巻、『蜀書』15巻、『呉書』20巻のあわせて65巻にもなる膨大な正史『三国志』を詳細に調べてみても、「赤壁の戦い」にまつわる記事の少なさに驚かされてしまうのである。三国志史上最も派手に繰り広げられていたであろうこの戦いが、どこか地方の片隅で勃発した局地戦でも語るかのような軽々しさで、さらっと語り去られているのだ。一方の主役である曹操の事績を記した「武帝紀」には、「公（曹操）は赤壁に到着した後、劉備と戦ったが負け戦となった。疫病が蔓延し、多くの官吏、士卒が死んだため軍を引き上げた」と記すだけなのである。ここでは曹操が戦ったのは劉備であり、撤退したのは疫病が原因であると抜け抜けと言い切るのである。そこには呉軍の名すら登場させていない。

一方、孫権の事績を記した「呉主伝」では、周瑜と程普が曹操軍を打ち破ったとして、劉備の名を省いた上で、残った船に火をつけたのは曹操であるとする。かたや、劉備の事績を記した「先主伝」では、「曹操と赤壁において戦い、これを打ち破ってその軍船を焼いた」として、船を焼いたのが劉備であったことにしている。船に火をつけたのは、『呉書』は曹操が、『蜀書』は劉備がつけたとするなど、誰かはっきりと断定することができないままなのである。

ちなみに、前述の蔣幹は、実在の人物ではあるものの、周瑜の文書を盗んだというのは「嘘」である。蔣幹は曹操から周瑜引き抜きの工作を命じられたものの、孫権への忠誠心の強いことを知って、工作を諦めている。蔣幹の人柄に関しても、『演義』では周瑜に欺かれる間の抜けた役柄を演じさせられているが、正史には「立ち居ふるまいが堂々とし、才気があって弁舌がたつことで評判がある」「誰も彼の弁舌に受け答えできる者はなかった」と誉め称えられるほどの人物であった。

また、「周瑜伝」を見てもわかるように、黄蓋の投降話は事実とはいえ、そこには「苦肉の策」にまつわる事象は記されていない。さらに、諸葛亮が天を仰いで東南の風を呼び起こすなどとは、とても史実とは思い難いものである。「諸葛亮伝」にも、積極的に戦った形跡がなく、軍師としての裁量を発揮したこともない。劉備にいたっては、関羽、張飛ともども、2000の兵とともに後方にいたまま、何もしなかったことが「先主伝」に記されている。陳寿がどのような思惑があって、このように大きく異なる記述を様々なところに点在させたのかはわからないが、その矛盾点に気がつかなかったわけはなく、何らかの意図があったことは間違いない。陳寿が何を言いたかったのか、何やら大きな意図がありそうで気になってしかたがない。

謎 赤壁の比定地が5ヶ所もあるのはなぜ？

真実は？

「蒲圻赤壁」「黄州赤壁」「漢水赤壁」「漢陽赤壁」「江夏赤壁」の5ヶ所の赤壁比定地が、「我こそは」と対立！

「赤壁の戦い」が史実としてどのような戦いであったのかは、今となっては、その実状を探ることは難しい。それというのも、魏側が大敗した戦いであるだけに、魏を正統と見なす晋の官吏として、敗戦の模様をありのまま書くわけにはいかず、言葉少なめに（極端に少なすぎるが…）した上で、疫病にかこつけて、まるで戦いそのものがなかったかのように印象付け、あとは「知らぬ存ぜぬ」とだんまりを決め込んでしまったからである。それでも、点在するわずかな記事を突き合わせたところから想像力を働かせてみれば、やはりとてつもなく大きな戦いであったと見なすべきだろう。

ところが、その「戦いの舞台」となったのはどこなのか？　となると、実は特定するのが難しい。一般的には、湖北省赤壁市にある「蒲圻《ほき》赤壁」がその比定地と見なされることが多いが、それも実は怪しいのだ。それというのも、千数百年の長き年月が過ぎ行くうち、長江の流れは大きく変わっているからである。当時の長江がどこを流れていたのかが特定できなければ、赤壁自体の特定も不可能だからだ。

ちなみに、その候補地とされる蒲圻赤壁は、訪れたことのある方ならおわかりのように、まるで歴史テーマパークと呼んだほうがいいのではと思えるほど、さまざまな史跡然とした建造物が建ち並ぶところである。周瑜が指揮をとったという「翼江亭」や黄蓋が偵察時に用いたという「望江亭」をはじめ、諸葛亮が東風を起こすのに用いたとされる「東風台」までもがさりげなく置かれている。長江に面してそびえる崖の中ほどに刻まれた真っ赤な赤壁の字まで「周瑜が戦勝記念の宴席において筆を走らせたもの」と真顔で言われてしまうと、もはや苦笑いするしか

黄蓋が投降するふりをして曹操陣営に近付いていった（ドラマ『三国志 Three Kingdoms』© 中国伝媒大学電視制作中心、北京東方恒和影視文化有限公司）

荘厳な歴史ショーが催されていた（赤壁にて）

なくなってしまうのだ。長いマントを羽織った周瑜の石像の顔立ちも今風のイケメンで、歴女への受けを狙ったものか…?と、ついツッコミたくなってしまうのだ。

赤壁の候補地に話を戻そう。実はこの周辺には、「蒲圻赤壁」だけでなく、あわせて5ヶ所もの候補地が存在して、「我こそは」と対立しているのが実状である。武漢の東、湖北省黄崗県の長江北にある「黄州赤壁」、滝川県漢水沿岸にある「漢水赤壁」、漢陽県漢水中洲にある「漢陽赤壁」、そして武漢市内の長江南岸にある「江夏赤壁」である。中でも「黄州赤壁」は「蒲圻赤壁」に次いで有名であるが、それは比定地としての可能性の高さというより、比定地となった経緯が注目されるからである。宋代の詩人・蘇東坡《そとうば》が詠んだ漢詩「赤壁懐古」に「故塁の西辺 人の道《い》うは 是三国周郎の赤壁なり」という一節があるが、それを詠んだのがこの地だったところから、ここが赤壁のあったところと信じられたというのである。蘇東坡の名にちなんで「東坡赤壁」とも言われるが、いくら蘇東坡とはいえ、詩を詠んだくらいでご当地といわれるのであれば、どこでもOKということになるわけで、比定地としての信憑性は低い。今のところ、周辺から多くの人骨が出土したという「蒲圻赤壁」周辺がその比定地の可能性が高いとしかいえないのである。

ちなみに、赤壁の地名も、後世に名付けられたものであることはいうまでもない。曹操が陣を張っていたのは長江対岸の烏巣であるが、その大船団が赤々と燃え盛ったその色合いが対岸の岩肌を赤く染めたことから名付けられたものである。現実にはあまりにも川幅が広すぎて、さほど照り輝いたとは思えないが、詩心あふれる後世の誰かが、そこにある種のロマンを感じ取って、そう名付けたに違いない。日本でも、赤壁の名にロマンを感じ取って、この名を景勝地の名に付け加えたところもある。兵庫県姫路市木場の「小赤壁公園」、島根県隠岐《おき》郡知夫村の「知夫赤壁」、埼玉県秩父《ちちぶ》郡長瀞《ながとろ》町の「秩父赤壁」の3ヶ所であるが、三国時代の「赤壁の戦い」と何ら関係がないことはいうまでもない。

謎 諸葛亮が醜女を嫁にしたのはなぜ？

真実は？

第1には、名士の人脈を利用したかったから、第2には、娘の聡明さに惹かれたからであった！

『三国志演義』に黄氏の名で登場するのが、諸葛亮の妻である。同書内では、第117回になってようやく、諸葛瞻の母としてその名が登場する。黄承彦の娘で、不器量だが、ずばぬけた才能の持ち主で、天文、地理、兵法のほか、遁甲の術にいたるまで精通していたという。諸葛亮はその聡明さに惹《ひ》かれて、自分のほうから願い出て婚姻を結んだことにしている。諸葛亮の学問も夫人の助力によるところが大きかったことを記すとともに、諸葛亮死後は、後を追うようにして亡くなったと締めくくっている。

この話のもととなったのは、「諸葛亮伝」に裴松之が注に引く『襄陽記』の記述である。そこには、河南の名士・黄承彦が、若き諸葛亮に対し、「娘を娶《めと》らないか」と持ちかけた話が記載されているのだ。その娘とは、「赤毛で色黒」というものの、『演義』に記されたような「不器量」とは言っていない。むしろ「才知のほうは君とお似合いだ」と聡明さを売り文句として諸葛亮を口説いたのである。諸葛亮が承諾したので「すぐさま、車に載せて娘を送り届けた」と記している。娘の不器量は郷里の人々の語り種として言い伝えられたものとしている。それは、「孔明の嫁選びをまねるでないぞ。承彦の醜い娘をもらうはめになる」というものであった。正史に記された黄承彦の名は、これ以外には見当たらず、その娘の名も記されていない。ごくわずかな情報しか得られないため、「諸葛亮がなぜ醜《しこ》女《め》を嫁にしたのか」については、想像力を大いに働かせて推測するしかない。

驢馬に乗る黄承彦が再現されていた（赤壁にて）

一番信憑性の高いのが、諸葛亮が黄承彦を通じて、襄陽学派の名士層に人脈を広げようとするというものである。黄承彦自身は河南郡の名士として知られた人物であったが、義理の弟に荊州襄陽に勢力を張る蔡瑁や荊州刺史であった劉表などがいたため、

木牛流馬を製造していた制木牛流馬処。この木牛流馬を考案したのが黄夫人であったとの説もある

荊州一帯、特に襄陽名士層の中では、広くその名を知られた人物であった。つまり、諸葛亮は婚姻を政治の道具と考えて、顔立ちの美醜などものともせず、妻に迎えたというのである。この黄承彦の娘が不器量であったかどうかに関しては、民間伝承や講談などで様々な逸話が語られている。実は醜女を装っていただけで、美人であったという話もまことしやかに語り続けられている。美醜に関しては人によって見方が異なるということもあるので、これ以上話題にすることは控えよう。

ただし、聡明さに関しては、黄承彦が自慢するほどであったから、おそらく事実だったのであろう。諸葛亮は北伐に際して木牛・流馬なる最新の運搬道具を開発して大量の軍糧を運ぶことに役立てているが、その開発にひと役買って出たのが諸葛亮の妻だったとの説もある。諸葛亮は単にこの女性の聡明さに惹かれて結婚したとするのが第2の説である。聡明な諸葛亮にとって人の美醜など取るに足らぬ問題で、ともに語り明かすに相応しい聡明さを妻に求めていたその表れだというのである。

ともあれ、諸葛亮は黄承彦の娘と結婚した。それは、諸葛亮がまだ隆中に草庵を構えていた時のこと。劉備に「三顧の礼」をもって迎え入れられた建安12（207）年の前のことであった。一説には諸葛亮25歳の時であったという。となると、ひとつ大きな疑問が湧いて出る。劉備が草庵を訪ねてきた時、すでに諸葛亮は結婚していたわけで、草庵には妻がいたはずである。その点に関して誰も矛盾点を指摘しないのはなぜか？　これも「謎」である。

最後に、諸葛亮の子・諸葛瞻についてひとこと。瞻の母の名は記録にはないが、諸葛亮が離婚したような記録もないところから、諸葛亮と結婚した黄承彦の娘と見なすのが一般的である。しかし、瞻が生まれたのは建興5（227）年で、諸葛亮46歳の時の子である。諸葛亮は25歳の時に結婚したというから、仮に黄承彦の娘がこの時15歳であったとしても、瞻を生んだのは結婚して21年後の36歳で生んだということになる。古代中国の女性の平均寿命が40歳代と推測されているところから鑑みると、36歳は高齢出産であったと見られる。そのため、瞻は諸葛亮の正妻の子ではなく、側室が生んだ子であるとの説もまことしやかに語られているのである。

謎　諸葛亮は、劉備を殺害しようとした蔡瑁と親戚？

真実は？

諸葛亮は、蔡瑁だけでなく、劉表とも親戚であった！

前項ではさりげなく記したまま何も説明を加えなかったが、実はタイトルにもあるように、諸葛亮と蔡瑁《さいぼう》が親戚というのは事実である。そればかりか荊州刺史・劉表とも親戚である。諸葛亮が黄承彦の娘（正史にはその名が記されていない）を娶った時点で、両者が姻戚関係となったからである。黄承彦の妻が蔡瑁の姉で、その妹が劉表の後妻だったからだ。結婚と同時に、諸葛亮は、蔡瑁も劉表も義理の叔父ということになったのである。116ページでも記したが、諸葛亮がなぜ醜女であった黄承彦の娘と結婚したのかは、政治的な思惑を第一と考えれば、極めて有益な判断を下したと言わざるを得ないのである。

そもそも諸葛亮は、漢の司隷校尉の諸葛豊の子孫とはいえ、太山郡の丞であった父・諸

蔡瑁は諸葛亮の親戚であった（ドラマ『三国志 Three Kingdoms』© 中国伝媒大学電視制作中心、北京東方恒和影視文化有限公司）

葛珪が諸葛亮の幼少の頃に死去したため、袁術に任じられて豫章太守となった叔父・諸葛玄のもとで弟均とともに育てられた。その後朱皓《しゅこう》が豫章太守に任じられたため、諸葛玄は荊州牧の劉表のもとに身を寄せたことが「諸葛亮伝」に記されている。諸葛玄が亡くなって（一説では１９７年に西域で殺害された）からは頼るものもなく、自ら農耕に携わって細々と暮らしていたのである。

諸葛亮が隆中に住み始めてほどなく、人物批評家として名の知れた司馬徽に「臥龍」と讃えられた。このことから諸葛亮の名は徐々に知られはじめてきているが、それでも他郷（瑯邪《ろうや》郡陽都県）出身者とあっては、襄陽名士の中でのし上がって行くことには限りがあった。その打開策として選んだのが、黄承彦の娘との結婚なのであろう。

となれば、劉備が荊州の劉表のもとに身を寄せた際、蔡瑁が蒯越《かいえつ》とともに劉備の命を狙ったとするのは謎というしかない。劉備陣営に、自身の姪の夫・諸葛亮がいたからである。親族の一員が軍師を勤める軍団のボスを攻撃するのは、つじつまがあわないのだ。

また、劉表の長男・劉琦《りゅうき》が、劉表の後妻・蔡氏に疎んじられて身の危険を感じたため諸葛亮に相談を持ちかけようとしたものの、諸葛亮から拒否し続けられたことがあった。その理由は「諸葛亮伝」には記されてないが、諸葛亮の系図を見れば、理由は一目瞭然である。劉表の末子・劉琮の母が、諸葛亮の義理の叔母にあたる人物（蔡氏）だったからである。諸葛亮にとって、劉琮を差し置いて自分とは縁の薄い劉表の前妻の子である劉琦を応援することは、親族の結束を揺るがす危険な行動だったからである。劉琦が諸葛亮を人目の届かない高殿にまで誘い込んだ上、はしごを外してまで相談しようとしたのは、むしろ、劉琦が諸葛亮の立場を思いやっての行動と見ることもできるのである。

ちなみに、諸葛亮は、盟友・龐統とも姻戚関係にある。諸葛亮の下の姉が龐山民（後に魏の黄門吏部郎となるも早逝）と結婚したことで、龐山民の父・龐徳公の従子（甥）にあたる龐統との縁ができたのである。龐徳公といえば襄陽の名士で、人物鑑定の大家としてその名を知られた人物である。諸葛亮は、姉の結婚によってもまた、襄陽名士層内に力強い味方を得ていたのである。

諸葛亮の姻戚系図

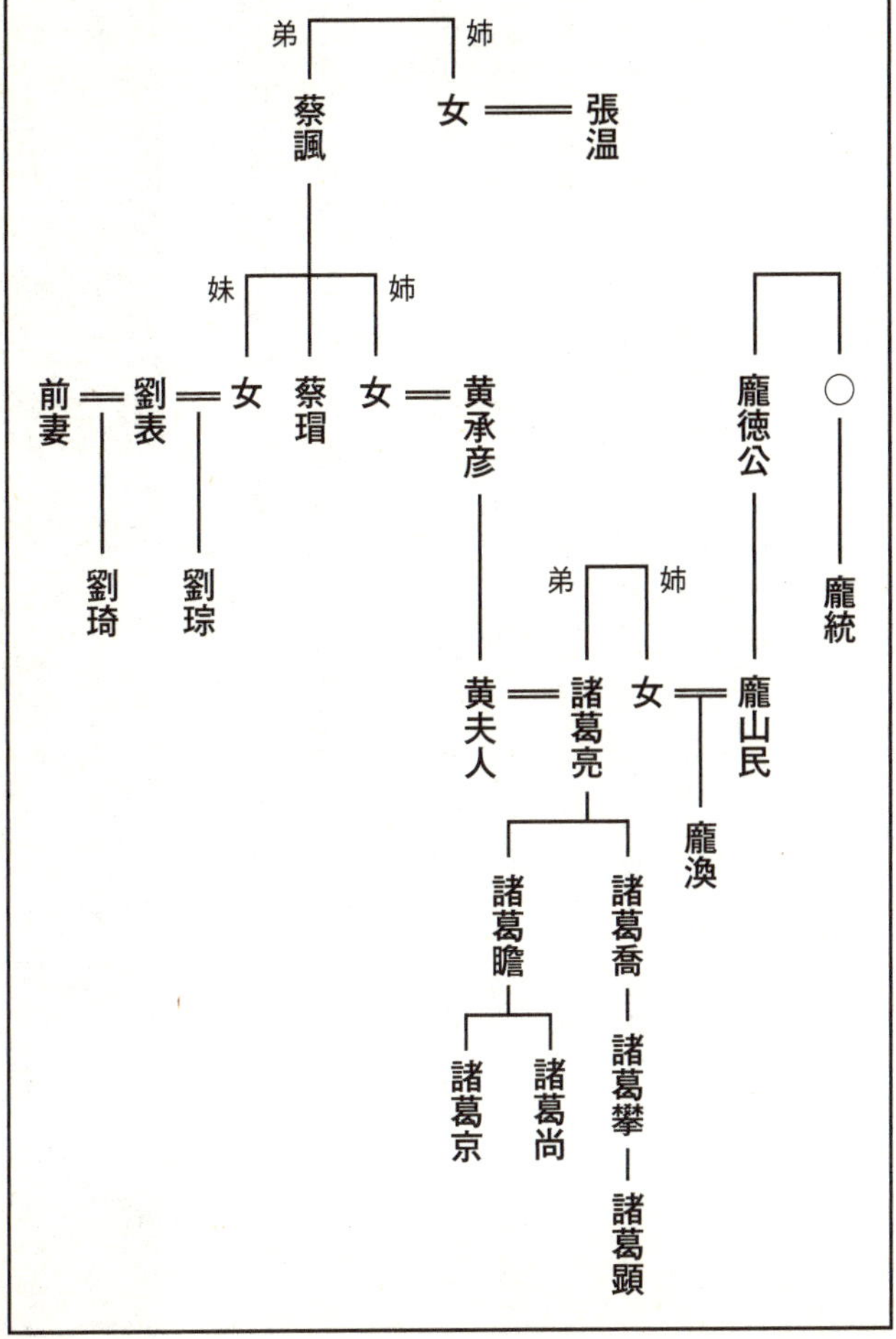
弟
姉
蔡諷
女
張温
妹
姉
前妻
劉表
女
蔡瑁
女
黄承彦
龐徳公
○
劉琦
劉琮
弟
姉
龐統
黄夫人
諸葛亮
女
龐山民
龐渙
諸葛瞻
諸葛喬
諸葛攀
諸葛京
諸葛尚
諸葛顕

謎 関羽が後世、財神に祭り上げられたのはなぜ？

真実は？

同郷の山西商人が権益を守るために、武人として、ひいては財神として関羽を祀ったからであった！

正史『三国志』には、『三国志演義』に見られるような関羽の武勇伝がほとんど垣間みられないのが実状であった（72ページ参照）。それにもかかわらず、『演義』で五虎将軍の筆頭とも思える武芸に秀でた人物へと祭り上げられたのは、当時「正義を行動で示す」ことを重んじる朱子学が隆盛となったことがきっかけである。義人、武人の象徴として、たまたま関羽が選ばれ、実像を遥かに越えた超人として持ち上げられるようになっていったのである。

その名声が民衆たちの間で高まってくると、今度は、歴代の皇帝たちが、自身の守り神としてこれを利用。関羽の権威は、さらに持ち上げられていった。

まず、宋の徽宗が関羽を「忠義公」に封じたのを皮切りに、宋の孝帝が「英済王」に、明の神宗が「関聖大帝」に、清の世宗が「忠義神武関聖大帝」に封じるなど、公から王へ、さらには帝へとその権威を高めたのである。自らの権勢をより強固にするためには、武神としての権威が高ければ高いほど守り神としての能力が一層発揮できるだろうとの思いがあったからである。清代には各県令に命じて、孔子を祀《まつ》る文廟とともに、関帝を祀る武廟まで建設させた。文化大革命時（１９６６〜１９７６年）に多くの文廟が破壊され、武廟だけが全国各地に残されたということもあった。関帝の権威だけはついに低下することなく、現代まで続いているのである。

関陵内に設置された関羽の首のモニュメント

しかし、民間信仰における関羽像は、歴代の皇帝が期待していたものとは少々違っていた。それは武神というよりもむしろ財神、つまり商売繁盛の神様としてのご利益を期待する神として祀られることが多かったのである。なぜ、武人であるはずの関羽が、縁もゆかりもなさそうな商売繁盛の神様に祭り上げられてしまったのだろうか？　実は、そのカギを握るのが、関羽の出生地にあったのだ。

『関羽伝』によると、関羽が生まれたのは河東郡解県（山西省運城市）であった。どのような理由かは不明だが、出奔して涿郡（河北省涿州）へやってきたというから、おそらく何か事件でも起こして追われるようにして当地に流れ着いたものと思われる。その関羽の故郷の解県には大きな塩湖があって、古くから塩の産地として知られるところであった。宋代になると、この塩に塩税が課せられ、莫大《ばくだい》な税を得た。宋代の財政の主軸をなすほどのものであったというから、相当なものであったに違いない。当然のことながら、それを一手に取り扱う山西商人も莫大な富を得ることができた。この権益を守るために利用されたのが地元出身の関羽で、山西商人たちの守護神として祀られていったのである。守護神は当然のことながら、武に秀でていなければ役に立たない。関羽に守ってもらうには、関羽に強くなってもらわなければならないのである。その願いが、関羽の武人としての能力を引き上げられることに繋がっていったのである。商人たちが願うのは、権益を守ることであったが、それはつまるところ、商売繁盛を願うことであった。関羽はいつの間にか、権益を守る武神としてより、商売繁盛の神として祀られることのほうが多くなっていったのである。

財神・関羽の躍進は、これで終わりではない。一説によると、宋代の頃までは単なる神

関林廟内に祀られた関羽（中央）、関平（右）、周倉（左）

将のひとりとして祀られ、道士・張天師に操られて悪神・水蛟《みずち》を退治させられていたような土地神にすぎなかった関羽が、いつの間にか、道教内での地位が上がり、ついには、道教の最高神・玉皇太帝と肩を並べるまでの地位にのし上がったというのである。横浜中華街にある関帝廟を訪ねてみると、本堂中央に、関平《かんぺい》、周倉《しゅうそう》を従えた関帝聖君が主神として祀られているのに対して、聖観音（仏教の六観音の一尊）や天后聖母（海の守り神・媽祖）、福徳正神（土地神・城隍神《じょうこうしん》）、玄天上帝（北方を守備する玄武）らまでもが、まるで脇神のように祀られている。その位置関係を見るだけでも、関羽の神としての地位の高さを思い知らされ、商売繁盛のご利益を関羽にお願いしたくなってしまうのである。

謎 名医・華佗が関羽の腕の治療に当たったというのは本当？

真実は？

華佗が関羽の腕の治療に当たったとは、正史には記されていなかった！

三国時代の名医・華佗《かだ》といえば、毒矢を射られて疼《うず》く関羽の腕の治療をしたことで知られる人物である。『三国志演義』では、第15回で孫権軍の周泰の刀傷を治療したことにはじまって、第29回では、華佗の弟子が孫策の矢傷の治療を、そして第75回でも再度登場して、関羽の腕の治療に当たっている。この時、関羽は、「縄でしっかり括り付けて布団を被せます」という華佗の忠告を無視して、馬良と談笑しながら骨を削らせている。さらに、第78回では曹操の偏頭痛の治療に当たった際、曹操に「頭を斧で切開して病根を取り除く」と言ったことで、曹操が「わしを殺すつもりか」と腹を立て、投獄の末、獄死させてしまうのである。曹操が頭痛を訴えて名医を探した際、華歆《かきん》が曹操に華佗の医術の巧みさを紹介。「患者がいれば、薬、鍼《はり》、灸《きゅう》を用いてたちどころに直してしまう」とか「五臓六腑の病気にかかっていて、薬で効かない者には、麻肺湯を飲ませ、酔っぱらって死んだような状態にしてから、鋭利な刃物で腹部を切り開き、薬湯で臓腑を洗浄しますが、病人はほとんど痛みを感じることはありません。洗浄がすみ、傷口に薬を塗り付けておくと、1ヶ月もしくは20日もすればたちまち回復するのです」と語っている。この一文は、実は正史『三国志』「方技伝」内の「華佗伝」に記されている文面とほぼ同じである。広陵太守・陳登の治療に当たった際には、華佗が薬を飲ませて三升もの虫を吐かせたこと、3年後に再発すると予言

荊州中医院内にある関羽の手術の場面を再現した塑像

したことまで、そっくりそのままであった。

ところが「華佗伝」には、曹操の治療に当たったことは記されているが、関羽の腕の治療をしたという記事は見当たらない。「関羽伝」には、関羽が左肘を毒矢で貫通されたことがあり、傷が癒えても骨が疼き痛んだため、骨を削って毒を取り去るという『演義』同様の様子が記載されている。ただし、治療に当たった医者の名前は記されず、華佗であったかどうかは不明なのである。ここでは関羽が「左肘を毒矢で貫通された」と記されてはいるものの、それが何時のことであったかは「関羽伝」には記されていない。また、関羽が矢傷を負ったという話は「龐徳伝」にも記されているが、龐徳が命中させたのは関羽の額であった。しかも、それは建安24（２１９）年に起きた「樊城の戦い」のさ中である。華佗が死去したのは建安13（２０８）年のことなので、この時のこととは思えない。「華佗伝」及び「関羽伝」を見る限り、「華佗が関羽の腕の治療をした」というような事実はないのである。

ただし、華佗が名医であったことは間違いないようで、「麻沸散」と呼ばれる麻酔薬（大麻あるいは朝鮮アサガオとする説がある）を使用して腹部切開手術を行ったという。ちなみに、麻酔を施して外科手術を行ったのは、江戸時代の外科医・華岡青洲が最初との説もある。この時麻酔薬として使用されたのは朝鮮アサガオやトリカブトなどを調合した「通仙散」であるが、これを実母と妻を実験台としてその有効性を確認。その上で、乳ガン患者の外科手術に踏み切っている。

これが世界最古の麻酔手術と見なされることもあるが、正史の記述を信じれば、華佗こそ世界で最初に麻酔による外科手術を行った医師とみるべきなのである。

許昌の北 10㎞ほどの田園内にある華佗の墓

謎 劉備が皇帝即位前に聞いたという献帝殺害はデマだった？

真実は？

劉備は「献帝弑す」のデマをまことしやかに信じたフリをして、何食わぬ顔で、帝位に即いたのである！

魏の曹丕《そうひ》が皇帝（文帝）の称号を名乗って、年号を黄初と変えたのは、延康元（220）年10月のこと。名目上は漢帝（劉協、献帝）から帝位を譲り受けた（禅譲）ことになっているが、事実上の簒奪であったことは誰もが知るところである。漢王朝の流れを汲むと自負する劉備にとっては、本来ならただちに異を唱えてその悪行を弾劾すべき筋合いのものであった。ところが、劉備は、魏へ働きかけることもなく、黄初2（221）年4月、諸葛亮や麋竺《びじく》、許靖《きょせい》らに促されたとして、自らもまた皇帝に即いたのである。理由は、魏に王朝を簒奪されて「献帝が弑逆《しいぎゃく》された」から…というものであった。

この献帝殺害のニュースは、後にデマであったことが判明するが、当時の劉備はこれを信じて、天子不在を憂い、自らが「天意」を受けたとして、成都の武担の南で帝位に即いたのである。献帝が本当に亡くなったのは青龍2(234)年のことで、曹丕に帝位を奪われた後は、山陽公に封じられて許都を去り、14年間耐え忍びながら命を長らえていた。誰が何処でどのように献帝を弑したのか? その詳細にはいっさい触れることなく、ただ、臣下たちが上奏文に、「曹丕は帝位を奪い君を弑して、漢王朝を滅ぼし、神器を盗み取り、忠義善良な臣下を脅迫するなど、残虐非道である」と記し、劉備こそ帝位に即くのが相応しいと言い切ったのである。つまり献帝が殺害されて天子が不在となったから、劉備に皇帝即位を促したということである。言い換えれば、献帝が死んでいなければ、劉備の皇帝即位はありえなかったのである。

実は、諸葛亮らが認めた上奏文には、1ヶ所気になる文面が記されている。それは、数々の瑞祥《ずいしょう》が現れたことを記した後で、「許に帝がなおおわしましたため、群臣はあえて上のことをはっきりと申し上げなかったのです」という一節である。ここにいう「上のこと」とは、「聖天子がこの州におこり、中興を遂げること」を指す。言い換えれば「劉備が帝位に上ること」である。つまり「献帝が生きていた時には言えなかったけれど、その頃から帝位に即いてもらうことを願っていたのですよ」ということである。献帝が生きていよ

劉備が献帝の葬儀を執り行ったシーン（ドラマ『三国志 Three Kingdoms』© 中国伝媒大学電視制作中心、北京東方恒和影視文化有限公司）

うが死んでいようがおかまいなしに、劉備が皇帝となることを願っていましたということを、実に回りくどい言い方で、主君・劉備に明言しているのである。この漢王朝をないがしろにするような文面に対して、劉備はどう反応したか？　本来なら、激怒して臣下を罵倒するべき事態である。それにもかかわらず、劉備は何ら反駁《はんばく》することもなく帝位に即いたのである。これこそ茶番劇ではないか？　漢朝再興を隠れ蓑にしてきた劉備が、いよいよ化けの皮を剝いで、王朝簒奪に動いたのである。こうして考えてみれば、「献帝弑す」の偽情報も、蜀側の誰かがわざと流したということも十分考えられるのである。デマの流出から劉備の皇帝即位まで半年も時が流れていた。それだけの時間があれば、

劉備が皇帝に即位したシーン（ドラマ『三国志 Three Kingdoms』©中国伝媒大学電視制作中心、北京東方恒和影視文化有限公司）

献帝殺害の真相を突き止めることもできたのではないか？　さらには、蜀側に真相追求の動きがまったくなかったというのもおかしな話ではないか？　謎は尽きることがない。

　なお、劉備が献帝殺害のデマを信じて帝位に即いたことに関して、魏が異議を唱えたような動きは見当たらない。ただし、金城太守の蘇則《そそく》と臨淄《りんし》公となっていた曹植《そうしょく》の2人が、魏氏が漢に取って代わったことを耳にした際、献帝が崩御したと思い込んで喪に服し、声をあげて泣いたということが「蘇則伝」に記されている。落ちぶれたとはいえ、かつて栄華を誇った漢大帝国の最後の皇帝である。それにもかかわらず、その生死すら明確でなかったというのは、あまりにも哀しいとしかいいようがない。

謎

陸遜は一介の書生ではなかった？

真実は？

名家「呉郡の四姓」出身であるのに加え、数々の功績を為していた実力者であった！

関羽が呂蒙の計略に嵌って荊州を奪われたあげく捕らえられて首を刎ねられたのは建安24（219）年のこと。その関羽の恨みを晴らさんとして、劉備が大軍を擁して東へと兵を進めたのが、その2年後の黄初2（221）年であった。この大戦において目覚ましい活躍ぶりを見せつけたのが、呉の陸遜《りくそん》であった。正史『三国志』では、諸葛亮とともに、1巻をもって単独で伝記を立てられたほど重きをおかれた人物で、『三国志演義』でも、第38回の初出から、44回、49回、50回、53回、68回、75回、76回、83回、84回、85回、86回、87回、96回、97回、98回、102回、103回、108回、119回にも登場するほど重要な役柄を演じている。

それでも、世間一般では、陸遜のイメージは「青二才」あるいは「書生もどき」と受け止められることが多い。それは、呂蒙の後任として偏将軍右部督に任じられた際、関羽にもその名が知られておらず軽く扱われたことに加えて、「夷陵の戦い」で呉の老将たちが陸遜を侮るような態度を見せたことが印象的だったからかもしれない。吉川英治版『三国志』では、闞沢《かんたく》が「大器量」と評して孫権に推挙した際、並み居る重臣たちが嘲笑して「黄口の一儒生」「青書生」「軍事には何の才もなし」「世の儒生同様に柔弱」とさんざんにこき下ろした上で「彼を用いて、蜀を破らんなどとは、痴人の夢にすぎない」とまで書かれたためでもある。

陸遜は名門の陸家出身であった（ドラマ『三国志 Three Kingdoms』© 中国伝媒大学電視制作中心、北京東方恒和影視文化有限公司）

だが、本当にただの「一介の書生」が、関羽討伐に功績を残し、劉備の猛攻を凌いだ上、壊滅的な打撃を与えるといった大業を為すことができたのだろうか？　ここでは、陸遜にまつわる謎に目を向け、そこに横たわる「嘘」と「真実」を解明していくことにしたい。

陸遜が生まれたのは、光和６（１８３）年というから、孫権よりも１歳年下である。そもそも陸氏は、顧氏、朱氏、張氏と並んで「呉郡の四姓」に数えられたほどの豪族で、わずかに呉県周辺に勢力を張るだけの孫氏よりも名高い家柄であった。陸遜は、父が早逝したため、従祖父の陸康《りくこう》に身を寄せていたが、その育ての親というべき陸康が、袁術に属していた孫策に討伐されたことがあった。その際、宗族の多くが死に追いやられたこともあって、孫策存命中は、陸遜も呉に仕えることはなかった。陸遜が孫権幕下に加わったのは、建安8（203）年、陸遜21歳のことであった。

東曹及び西曹の令吏を歴任したのを皮切りに、屯田都尉、定威校尉、帳下右部督へと昇進。その間、山越の賊徒をはじめ各地の不服従民たちの平定に成果をあげた。その一連の実績を呂蒙が買い、自身の後任として陸口に駐屯させたのである。この時、陸遜はすでに36～37歳になっていた。この実績と年齢を鑑みれば、彼を「青二才」や「一介の書生」などと呼ぶのは大間違いで、ましてや「軍事には何の才もなし」との評は、的を射ない発言としかいいようがないのである。ただし、陸遜が幕下に加わったのは孫権の代からで、孫堅、孫策と3代に仕えてきた古参の臣下たちにとっては、陸遜が「新参者」であることには違いなく、「新参者何するものぞ」との思いがあった。

ともあれ、関羽だけでなく自陣からも侮られていた陸遜は、彼らの見立てを大いに裏切って、華々しい活躍ぶりを発揮し続けたのである。

そんな呉の功臣も、最後には皇太子の孫和と孫覇の後継者争いに巻き込まれて、いわれなき罪を得て憤死するという痛ましい最後を迎えてしまった。才能ある者を使いこなすのに長けていた孫権も、晩年には疑り深くなって讒言《ざんげん》に惑わされたことで、賢臣をも死なすことになってしまった。呉の衰退は、まさにここから始まったのである。

最後に、陸遜の妻についてひとこと。彼は孫権に仕えた後、孫策の娘を娶っている。それがいつのことであったか正確には記されていないが、孫権に仕え始めた直後であったと考えられている。とすれば、現実問題として、建安4（199）年に孫策が皖城《かんじょう》を陥落させて奪い取った大喬《だいきょう》（二喬のうちの姉）との間にできた子供ではありえない。孫策が大喬と結婚する以前に、すでに孫策には妻子がいたことになるのである。

ようやく呉の反撃が開始された（ドラマ『三国志 Three Kingdoms』© 中国伝媒大学電視制作中心、北京東方恒和影視文化有限公司）

謎 諸葛亮はなぜ劉備の無謀な東征を食い止められなかったのか？

真実は？

諸葛亮ばかりか、荊州出身の名士層にとっても、荊州奪還が願いだったからである！

「兄の讎《あだ》に急《はや》りて張飛害に遭い、弟の恨みを雪《すす》がんとして先主兵を興す」とは、『三国志演義』第81回に記された一文である。劉備が義弟・関羽の仇を伐たんと急がせたばかりに、張飛が寝首をかかれて殺されてしまった。関羽に続いて張飛まで喪った劉備は、その恨みを晴らさんと、大軍を擁して呉征伐へと向かった…というのである。

この劉備の東征が関羽の死がもととなったということは、「先主伝」にも記されている。そこにも「孫権が関羽を攻撃したのを怒り、東征に向かわんとした」とあり、さらに「孫権が手紙を送って和睦を請うたが、先主は激怒していて許さなかった」とするところからみても、劉備が関羽の仇討ちを目的として軍を興したことは史実とみて良さそうである。

テーマパークのような猇亭古戦場入口の様子

そしてその後に、趙雲が劉備を諫める言葉が続く。「国賊は魏の曹操であって、呉ではない」とした上で、「恨みを晴らすことは私事である」と、正論をぶちまけるのである。

しかし、当時丞相として国政を担っていたはずの諸葛亮が劉備を諫めたというような記述は見られない。不思議なことに、「諸葛亮伝」には、劉備が帝位に即いた章武元（221）年以降、劉備が永安（白帝城）で重体に陥る章武3（223）年までの間の事象に関して、何も記されていない。その間に繰り広げられていた国家存亡に関わる大戦であった「夷陵の戦い」に関して、陳寿が諸葛亮の動向を何も記していないというのは、何とも奇妙としかいいようがないのである。

ともあれ、諸葛亮は表立って劉備の東征に反対することさえしなかった。「法孝直(法正)が健在だったなら、よく主上を抑えて東征せずにすませたであろう」(「法正伝」)と言ったのは劉備死後のことで、その時さえ、諸葛亮自身が諌めても劉備の意志を変えることができなかったと、弁解するだけであった

確かに、諸葛亮が言うように、当時の彼の力では、劉備を抑えることはできなかった。それは、当時の両者が、必ずしも一枚岩のように結束していたわけではなかったことを物語っている。益州しか拠り所のなかったこの頃の劉備にとっては、諸葛亮よりも、益州攻略に最も功績の大きかった法正を重要視せざるを得なかったからである。

さらに、益州へとやってきた荊州出身の名士層にとって、郷里である荊州の地を奪還することは悲願でもあった。呉に奪われた荊州には、いまだ荊州出身の名士たちの家族が残っていたからである。また、法正に率いられていた益州名士層を抑えて、諸葛亮率いる荊州名士層の立場を安定させるためにも、荊州奪還は欠かせない。さらに、諸葛亮の「天下三分の計」を再現することも中原制覇のためには欠かせないことである。諸葛亮にとって、劉備の東征は、実は願ってもないことだったのである。

蜜月時代の諸葛亮と劉備（ドラマ『三国志 Three Kingdoms』© 中国伝媒大学電視制作中心、北京東方恒和影視文化有限公司）

長江に面した張飛擂鼓台

「三顧の礼」の名舞台へ

嘱望の名軍師を得んと
劉備が通った道のりをたどってみたい。

劉備が足しげく通ったという古隆中は、襄陽の街から西へ15㎞ほどの山あいにある。正史『三国志』にも、諸葛亮が17歳の頃から10年間も晴耕雨読の生活を営んでいたことが記されている。襄樊駅前からバスに乗って40～50分、隆中の終着駅に降り立った後、緩やかな坂道を15分ほど歩いたところが古隆中の入口である。辺りには人家もなく、ひっそりと静まり返った深淵なる世界である。牌坊を通り過ぎた先に広がるのは、諸葛亮が耕していたという「躬耕田」で、そのすぐ脇に、黄承彦が驢馬に乗ってやってきたという小さな石橋が架けられている。もちろん、小説『三国志演義』でのお話である。橋を渡って歩を進めていけば、ご丁寧にも諸葛亮が膝を抱えながら物思いに耽っていたという庵までもしつらえられている。ここは肩肘張らず、『演義』の世界にどっぷりと浸るのが何よりである。

紅葉時の牌坊も風情がたっぷり

武侯祠内。左手に蜀の名将たちの塑像が並んでいる

諸葛亮が耕していたという躬耕田

趙雲の「単騎救主」の名舞台へ

名将・趙雲の真骨頂
阿斗を救った名場面を思い描きたい。

趙雲や張飛の活躍で知られた「長坂坡の戦い」。その舞台となったのが、荊州の北西60数㎞のところにある人口60万人ほどの中堅都市・当陽である。ここでの主役は、いうまでもなく趙雲。旧市街メインストリートのロータリーにそびえる趙雲の騎馬像が、その重要度を物語っている。その騎馬像のすぐ脇にある歴史公園がここでの最大の見もの。長坂坡公園と名付けられた公園内には、趙雲の武勇を伝える塑像が数多く展示されているからである。趙雲が阿斗を胸に抱いて戦場を駆け巡る勇壮な趙雲像はもとより、劉備が阿斗を投げ捨てるシーンや、張飛が橋の上で曹操を睨みつけるシーンなど、『演義』に登場する名シーンを至る所で目にすることができるのである。公園から徒歩15分ほどの所にある、糜夫人が身を投げたといわれる娘娘井も訪れたい。

旧市街中心にそびえる趙雲の騎馬像

1934年に建てられたという長坂坡公園入口の門

劉備が阿斗を放り投げる場面

最大の決戦「赤壁の戦い」の舞台へ

三国志テーマパークに
どっぷり嵌ってみるのも悪くない！

曹操の南征に対して、孫権、劉備の連合軍が対峙したという「赤壁の戦い」。その舞台と自称する古戦場は５ヶ所もあって、実のところ、特定できていないのが実情である。しかし、その中でも一番可能性が高いとされるのが赤壁市内にある「蒲圻赤壁」である。長江に面して、断崖が突き出した景勝の地で、岩肌に描かれた「赤壁」の文字が、「我こそは正統」とでも主張しているような面持ちである。諸葛亮が風を呼び込んだという「東風台」や、黄蓋が偵察に使ったという「望江亭」、周瑜が指揮を執った「翼江亭」などが史跡然として建ち並んでいるのは、少々興ざめといえなくもないが、三国志テーマパークと割り切ってしまえば、それなりに楽しめるところである。断崖上にそびえる周瑜の巨大な石像や、「赤壁大戦陳列館」に立ち並ぶ武将たちの塑像を眺めながら、彼らの生涯に思いを馳せてみるというのも悪くない。

巨大な周瑜の石像

長江沿いの赤壁。フェリーで対岸に渡ることもできる

赤壁大戦陳列館のユニークな外観

関羽が無念の死を遂げた最期の地へ

蜀衰退の皮切りとなった
関羽敗退の場面をたどろう。

関羽は樊城を攻撃して今にも落とさんとした刹那、同盟関係にあった呉に裏切られて、江陵（荊州）を攻め取られてしまった。あわてて江陵へと戻ろうとする関羽は、行く先々で敗走させられ、麦城を出た後、臨沮において朱然、潘璋に捕らえられ、息子関平とともに首を斬られてしまうのである。すでに麦城を出たところで死を覚悟した関羽。その地を示す石碑が、当陽から東20㎞の田畑の中にひっそりと置かれている。『三国志演義』では死んだ関羽の魂が当陽県玉泉山に漂って、「わしの首を返せ」と恨み節を述べたことになっている。もちろん、作り話であることはいうまでもないが、関羽の魂が徘徊したという地には、玉泉寺が建てられて関羽が祀られている。真実と伝承がごちゃまぜになっているにもかかわらず、多くの参詣者が後を絶たないのである。それでも、「漢雲長顕聖処」の石碑が置かれた山肌に、ひとりぽつねんと佇《たたず》めば、何やら今にも怨念の声でも聞こえてきそうな気配に、少々、鳥肌が立ってしまうのである。

関羽最後の砦となった麦城遺址の石碑

関羽の魂が漂ったという漢雲長顕聖処

明清代に改装された荊州城東門の様子

夢半ばにして死した劉備終焉の地へ

諸葛亮に後事を託して薨去《こうきょ》した
「白帝託孤」の名場面を再現。

「夷陵の戦い」に敗れた劉備が、這々の体でたどり着いた白帝城。ここで劉備は再起することも適わず、無念の死を遂げている。その舞台となったもとの地は三峡ダムによって水没してしまったため、残されていた建物が長江に浮かぶ小さな島の上に移設された。個人で行くには少々不便な地にあるため、三峡クルーズの乗客として訪れる人が多い。長江に架かる長大な橋をたどって島へ渡り階段を登り詰めたところが白帝城である。ここでは何よりも、城内に設けられた「白帝託孤」の名シーンを再現した塑像の数々が見もの。横になる劉備の脇に立つ諸葛亮と、その前にひれ伏す劉永、劉理の２人の子供。そして左右に趙雲、李厳、呉斑、張苞、鄧芝、馬忠ら蜀の名将たちが居並んでいる様は壮観である。

また、白帝城から長江に沿って数㎞奉節寄りに広がる風景は、中国の10元紙幣に描かれたものとそっくり。その景勝も忘れず目にしておきたいものである。

白帝城すぐ近くの長江沿いの景観

「白帝託孤」の名場面

三峡クルーズを利用して行くのが便利

関羽の首塚と胴塚 2ヶ所の霊廟へ

無念の死を遂げた関羽の霊を慰める
関陵と関林廟、ともにお参りしておきたい。

関羽が臨沮において首を刎ねられた後、その首は孫権から曹操のもとへと送られた。首が持ち去られた後の胴体は、当陽の地に葬られ、関陵として祀られている。そこには、馬殿、正殿、寝殿などが連なり、その奥に関羽の胴体が葬られた胴塚がある。塚の正面に置かれた小さな東屋は、南宋の淳熙《じゅんき》10（1183）年に建てられたものである。

一方、関羽の首を送られた曹操は、祟りを恐れて首に香木で作った胴体を添えて丁重に葬ったとされる。それが、洛陽にある関林廟である。こちらは、高さ10mもの首塚を前に、碑亭、舞楼、二殿、大殿、拝殿、儀門などが連なっている。周囲380mにも及ぶ首塚はいうに及ばす、大殿内に祀られた３～４mはあろうかという黄金色に輝く関羽像の荘厳さが際立っている。現在では、関羽を財神としてあるいは道教の神のひとりとして祀ることが多いため、商売繁盛などを祈願するために訪れる参詣者が多いようである。

関羽の頭部が葬られている首塚

関羽の胴体が葬られている胴塚

三国時代の終焉

謎

「空城の計」を実践したのは諸葛亮ではなかった？

真実は？

「空城の計」を実践したのは、趙雲と文聘であった！

「ふつうの住民に変装して道路を清掃し、魏軍が攻め寄せても、勝手に行動してはならぬ」

馬謖《ばしょく》の失態によって街亭を魏に奪い取られた後、西城において退却の準備をしていた諸葛亮が、司馬懿《しばい》に攻められた時に兵士たちに命じた言葉である。この時、城に残っていた兵はわずか２５００。対して、魏軍は15万という大軍である。どうあがいてみても、まともに戦ってみたところで勝てる見込みはなかった。窮余の策として編み出したのが「空城の計」なのである。四方の門をすべて開け放ち、兵士に平民の服を着せて門前を掃き清めさせて、わざと敵をおびき寄せる風を装うという心理戦である。これを見た司馬懿は、伏兵が潜んでいると思い込んで、攻撃せずに撤退してしまった。

平静を装う諸葛亮（ドラマ『三国志 Three Kingdoms』© 中国伝媒大学電視制作中心、北京東方恒和影視文化有限公司）

この『三国志演義』でもお馴染みの計略は、実は正史『三国志』にも登場する。陳寿ではなく、裴松之が注に引く郭沖《かくちゅう》の「諸葛亮弁護論」第3に、そっくりな場面が描かれているのだ。兵の数が司馬懿軍20万、諸葛亮軍1万というところだけが少し異なるだけの場合である。

ところが、裴松之は、自分でこの記事を注として掲載しておきながらも、司馬懿が大軍を擁しながら逃走することはあり得ないとして、この話を「作り話」であると断定している。

では、「空城の計」はまったくの作り話だったのかというとそうではなく、

諸葛亮は琴を弾いて平静を装っていた

2人の武将が実践したという記録がある。蜀の五虎将軍のひとり・趙雲と、もうひとりは魏の後将軍となった文聘である。

『趙雲別伝』によると、趙雲が「空城の計」を実践したのは、劉備軍が曹操と漢中争奪に明け暮れていた時のことであった。黄忠が曹操軍の食糧を奪おうと兵を繰り出したものの、なかなか帰ってこないのを心配した趙雲が、数十騎を率いて偵察に出かけたところで、ばったりと曹操の大軍と出会ってしまった。趙雲は急いで陣営に戻ると、「大きく門を開けさせ、旗を伏せ太鼓をやめさせ」て、じっと曹操の動きを見守った。曹操は伏兵を恐れて撤兵。すかさず趙雲が反撃に出て散々に打ち負かしたというのである。

一方、魏の文聘の「空城の計」は、「文聘伝」内の注『魏略』に記述されている。数万もの兵を率いた孫権が石陽城へと押し寄せてきた時のこと。打つ手を思いつかなかった文

趙雲が阿斗を抱いて戦場を駆け回った名シーン（ドラマ『三国志 Three Kingdoms』© 中国伝媒大学電視制作中心、北京東方恒和影視文化有限公司）

聘は、「静かにじっとしている」ことで孫権に疑念を抱かせて勝機を見出そうと判断。「城中の人に命じて外から見えないようにさせ、また自身は官舎の中に横になり起きなかった」という。この状況を見た孫権は「救援があるに違いない」と判断して包囲を解いて去ったというのである。

ちなみに、この「空城の計」は、明〜清代に記された兵法書『兵法三十六計』も取り入れている。自軍が劣勢に陥った時に用いる策「敗戦計」のひとつとして紹介している。「敗戦計」にはほかにも「美人計」「反間計」「苦肉計」「連環計」などが記されているが、いずれも『三国志演義』に登場する計略であることはいうまでもない。

謎　諸葛亮が泣いて馬謖を斬った本当の理由は？

真実は？

魏延の反発を恐れるあまり、部下を処分せざるを得なかった「くやし涙」であった！

「才器人に過ぎ、好んで軍計を論ず」

これは、正史『三国志』「馬良伝《ばりょう》」内において、陳寿が評した馬謖の人物像である。人並外れた才能をもち、好んで軍事戦略について語ったというのである。丞相であった諸葛亮からも高く評価され、参軍に登用されて連夜のごとく諸葛亮と談論を交わしていたとも記している。荊州名士の中でも俊才揃いとして知られていた馬氏五常（五兄弟）。そのひとりであった馬謖を、同郷の諸葛亮が贔屓にしたくなる気持ちもわからなくはない。それでも、劉備が死の間際に「机上の空論をもてあそぶだけの馬謖を用いてはならない」と語ったように、彼を北伐の最前線へと送り込むべきではなかった。

馬謖は机上の空論をもてあそぶ人物であった（ドラマ『三国志 Three Kingdoms』© 中国伝媒大学電視制作中心、北京東方恒和影視文化有限公司）

諸葛亮は南征を終えて国力を回復した後、満を持して北伐に臨んだその第1戦に、子飼いの馬謖を大抜擢して送り込んだあげく、想像だにしなかった大敗を喫してしまった。本来なら百戦錬磨の魏延を送り込むべきであったのに、まだ実践経験の乏しい馬謖に軍を委ねたのはなぜか？　それは、ひとえに馬謖に勝利の喜びを味わわせ、大功をあげさせることが狙いであった。その頃の諸葛亮が、台頭著しい魏延（当時は督前部、丞相司馬、涼州刺史）を警戒していたことも理由のひとつである。後に魏延が諸葛亮に対して「怯《きょう》（臆病者）」といって憚《はばか》らなかったことでもわかるように、「軍事に関しての才は諸葛亮に勝る」との態度がこの頃す

馬謖が諸葛亮のもとから引っ立てられていった（漢中武侯祠内のジオラマ）

でに顕著になっていたからであった。魏延の対抗馬として子飼いの馬謖を引き立てて、魏延の独走を押さえ込むことも、大きな目的のひとつだったのである。褒中から子午道を経て長安を襲うという魏延の奇襲作戦を斥けてまで臨んだ北伐だけに、どうしても負けられないという思いもあった。

ところが、馬謖は諸葛亮の命に反して高所に陣を張ったことで水を断たれて大敗。諸葛亮は自らのいたらなさを恥じたのである。「諸葛亮伝」では、馬謖が戦いに敗れて漢中に帰還した後、「馬謖を死刑にして兵士に謝罪した」と記し、敗戦の責務が自分にあるとして、3階級降格を上奏している（実際には右将軍に格下げ）。後世語られるようになった「泣いて馬謖を斬る」の成語はこの時のものであるが、気になるのが、諸葛亮はなぜ馬謖を殺さなければならなかったのか？　また、その時なぜ泣いたのか？　という点である。

『三国志演義』では、「法をないがしろにすれば、どうして敵を征伐できようか」として、涙を流しながら斬ったことにしている。その涙は馬謖のためではなく、劉備から用いるなと釘を刺されていたにもかかわらず、その命を守れず馬謖を用いて大敗をきっした自分の不明を恥じたからとしている。

一方、「馬良伝」では「投獄されて死に～」という気になる記述が記されている。まるで処刑されたわけではないとでもいいたげな書きようである。その後、「彼のために涙を流した」と記しているところから、馬謖への憐憫《れんびん》の情を抱いてのことであったことがわかる。諸葛亮が馬謖を斬ったのは、法を遵守することを重んじたからというのは間違いないが、それを遵守しなければならなかったのは、荊州名士を重用したことで招いた諸葛亮の失態を口実にして、益州名士グループや前述の魏延らが反発しかねなかったからである。つまり諸葛亮が流した涙は、彼らに屈して子飼いを処罰しなければならなかった「くやし涙」であったのである。

ちなみに、馬謖が敗退後逃走を図り、処刑されたとの説もあるが、その真相は不明である。

謎

「後出師の表」は本物？

真実は？

生きているはずの趙雲が死んだことにされた不可解なものであった！

「臣亮言《もう》す。先帝、創業未だ半ばならずして、中道の崩殂せり。今天下三分し、益州疲弊す。此れ誠に危急存亡の秋《とき》なり」とは、建興5（227）年に、諸葛亮が蜀主・劉禅に上奏した「前出師の表」の冒頭の句である。「諸葛亮が申し上げます。先帝は漢室復興を達成する前にお亡くなりになりました。天下は三分しましたが、益州は疲弊し、危機迫る状況です」として、北伐への決意を表明するのである。古来より名文中の名文として読み継がれ、これを「詠みて涙を堕《おと》さざれば、その人、必ず不忠」とまで言われたものであった。この上奏の翌年、満を持して北伐を敢行したものの、馬謖の失態によって敗走させられたことは不運としかいいようがなかった。

その敗戦の痛手を癒やす間もなく、諸葛亮はまたもや「後出師の表」を上奏して、第2次北伐を敢行するのである。「先帝、漢・賊の両立せず、王業の偏安せざるを慮《おもんぱか》り、故に臣に託すに賊を討つを以てす」（先帝は、漢室と賊は両立できず、天下統一のために私に賊討伐の命を下されました）に始まり、「鞠躬《きくきゅう》尽力し、死して後已《や》まん」（最後まで全力で戦う）と締めくくられるまで、全文にわたって悲壮感すら漂う名文といわれる。

この「後出師の表」が記す内容は、先帝（劉備）から逆賊である魏の討伐を命じられたものの、自らの力量のなさからそれを果たせないでいることに続けて、魏の討伐の必要性を訴えるとともに、北伐を批判する者への不当をあげつらうのである。前年に上奏された「前出師の表」の名調子に比べると、弁舌がましく説明口調が多いのが特徴的で、後者が偽作ではないかとされる理由のひとつである。

何より偽作説を掲げる学者たちが問題視するのは、まだ生きているはずの趙雲を、同上奏文では、すでに弔《とむら》ったかのような文面があったからである。それには、「臣、漢中に至りしより、中間朞年《きねん》のみ。然るに、趙雲、陽羣《ようぐん》を喪う」というものである。ちなみに、趙雲が死去したのは、「趙雲伝」によると、建興7（229）年のことである。「後出師の表」が上奏されたのはその前年のことであるから、趙雲はまだ健在である。間違えるにしても、人の生死にかかわることまで間違えるのは、到底考え難いからである。

また、「魏書」にも登場しない李服なる人物の名が曹操家臣として登場することも疑問。さらには、本来なら曹操が1度しか昌覇で戦ったことがないのに、5度も戦ったように記されていることなど、正史『三国志』に記された他の文面と矛盾する箇所が多すぎることなどから、これを偽書と見るむきが多いのである。

そもそも、陳寿が本文に記さず、裴松之が注に引いた『漢晋春秋』（習鑿歯《しゅうさくし》著）に記されていたという『黙記』（張儼《ちょうげん》著）に記されたものというのも怪しさを増幅させている。おまけに、裴松之は、自分で『漢晋春秋』内に記された一文を引用しておきながら、その作者である習鑿歯の記事にはいいかげんなものが多いと評しているのであるから、信憑性が疑われてもしかたがない。

もともと蜀漢にも仕えていたことのあった陳寿が、同時代の事象である前後の「出師の表」のうち、前のものだけ全文を記し、後のものをその存在をも含めて一切記事にしなかったというのも、あまりにも不自然なのである。ただし、陳寿が「後出師の表」を記さなかったのは、魏王朝を賊呼ばわりし過ぎたからだとして、それを真作と見るむきがあることも付け加えておこう。

成都の武侯祠に展示された「後出師の表」

諸葛亮が「出師の表」を記したシーン（ドラマ『三国志 Three Kingdoms』© 中国伝媒大学電視制作中心、北京東方恒和影視文化有限公司）

謎 魏延は本当に反逆者だったのか？

真実は？

魏延が反逆者だったのではなく、楊儀こそが反逆者であった！

「五丈原の戦い」のさ中、病に倒れた諸葛亮は、内密に長史の楊儀、司馬の費禕、護軍の姜維《きょうい》らを呼んで、自分が死んだ後の軍撤退に関する指示を与えている。もしも魏延が撤退命令に背いたとしても、全軍はそのまま出立するよう命じた。そして諸葛亮が亡くなると、楊儀は費禕を魏延のもとに行かせ、彼の意向を探らせた。その時魏延は、「皆は遺体を運んで帰国するがいい。しかし、わしは軍を率いて賊を討ちに行くのが当然である」と言い、頑として撤退する気配を見せなかった。しかたなく楊儀が魏延に黙って軍を撤退させようとすると、魏延は立腹し、先回りして行く先々の吊り橋などを焼き落した。魏延と楊儀はそれぞれ後主・劉禅に上奏して、相手の非を責め立てたのだ。侍中の董允や留守長

魏延は諸葛亮の命に従っただけであった（ドラマ『三国志 Three Kingdoms』© 中国伝媒大学電視制作中心、北京東方恒和影視文化有限公司）

吏の蔣琬《しょうえん》らが楊儀の肩をもって魏延を非難したため、魏延は漢中へと逃亡。楊儀は馬岱《ばたい》に追跡させてこれを斬り殺させている。以上は、正史『三国志』「魏延伝」に見られる記述で、『三国志演義』もほぼ同じ内容である。

右の記述を見る限り、魏延はまさに反逆者と思われても仕方がない行動を起こしている。撤退の命に反して軍を進めたばかりか、撤退しようとする軍をも阻もうとしたからである。

しかし、裴松之が注に引いた『魏略』には、「魏延は反逆者ではなかった」とする別の説が掲載されている。

魏延が謀反の疑いで馬岱に殺されたとされる虎頭橋を示す石碑

それによると、諸葛亮が病気になった際、魏延を呼んで、「わしが死んだ後は、ひたすら自国の守りを厳重にし、再び来るようなことがあってはならぬ」とした上で、魏延に自分の職務を代行させ、「秘密裏に遺体を運び去れ」と命じていたというのである。そのため、魏延はその死を隠し、褒口まで行軍したところで、ようやく喪を発表したというのだ。魏延が諸葛亮の職務を代行するのを見た楊儀は、魏延と仲が悪かったこともあって、自分が魏延に殺害されることを恐れて、魏延が反旗を翻したと喧伝《けんでん》し、その兵を奪って魏延を追撃し、ついには殺害してしまったというのである。つまり魏延には、反旗を翻そうという邪心はなく、ひたすら諸葛亮から受けた命を忠実に実行しようとしただけといえるのだ。ただし、この記事を引用した裴松之は、ここでもまた自ら引用しておきながら、この記事が「敵国の聞き伝え」によるものとして、その信憑性を疑っている。

また、「楊儀伝」には、魏延と犬猿の仲であった楊儀のその後の様子が記されていて興味深い。楊儀は、魏延を誅殺したことで功績を讃えられると思っていたが、願いも虚しく、担当する職務もない中軍師に任じられたことが記されている。生前の諸葛亮が楊儀のことを「狷介《けんかい》偏狭」として重く用いないよう、密かに語っていたからであった。もしかしたら諸葛亮は、頭角を表しはじめた魏延を牽制するために、馬謖に続いて楊儀まで利用しようとしていたのかもしれない。ちなみに、楊儀は魏延を馬岱に斬り殺させた後、その首を踏みつけて「ばか野郎め、もう一度悪いことができるならやってみろ」と怒鳴りつけただけでなく、彼の三族まで処刑したことが「魏延伝」に記されている。これらの記事が真実であるとすれば、楊儀こそが反逆者で、魏延は楊儀に嵌められただけといえそうである。楊儀はその後、誹謗中傷の言が度重なったため逮捕されて漢嘉郡に流されたのち自殺したとのことである。

謎 劉禅は本当に暗君だったのか？

真実は？

暗愚さを演じて自身の身を守った名優であったかもしれないのだ！

「此間楽し、蜀を思わず」

司馬文王（司馬昭）から「蜀のことを思い出すことはありますか？」と問いかけられた劉禅が、迷うことなく答えたのがこの言葉であった。「この地が楽しくて、蜀のことなど思い出すことはありません」というのである。

蜀の後主・劉禅が魏に降伏したのは景元４（２６３）年のこと。背中に柩を背負って（騾馬の引く車に乗っていったとの説もある）鄧艾《とうがい》のもとに出向いて降伏した後、翌５（２６４）年には安楽公に封じられて平穏な日々を過ごすことができた。いつであったかは記されていないが、冒頭の言は、その間に文王から宴席に招かれた時のものであった。文王が劉禅のために蜀の音楽を演奏させたところ、側にいた人たちが痛ましい思いにかられていたにもかかわらず、劉禅は機嫌良く笑い平然としていたという。見かねた郤正《げきせい》が、劉禅に諫言して、「今度文王が同じようにお尋ねになられたら、涙を流しつつ、『先祖の墓が蜀にありますから哀しくて、一日も蜀のことを思い出さないことはありません』とお答えください」と言った。後に、劉禅が郤正の言葉をおうむ返しに言うと、「郤正の言葉とよく似ていますね」と言われる始末。「おっしゃるとおりです」との劉禅の返答ぶりもまた皆の笑いを誘ったのである。以上は劉禅の暗愚な面を表す逸話であるが、これは「後主伝」に記された一文で、『三国志演義』第119回にもほぼ同様の話が記されている。ただし、『演義』には正史には記されていなかった左記の詩を掲載して、その愚鈍ぶりを強調している。

「歓を追い 楽を作《な》して 笑顔開き
危亡 半点の哀しみを念わず
異郷に快楽し 故国を忘る
方《はじ》めて知る 後主是れ庸才なるを」

最後に詠まれた「庸才」とは、凡庸、凡才のこと。解りやすく言えば「ぼんくら」である。「楽しく過ごしてご満悦、亡国の悲哀はまるでなし。異郷で遊びほうけ、故国を忘れている。

後主は本当にぼんくらだったんですね」というのである。

確かに劉禅は、「宦官を重用することのないように」という父・劉備の遺言をも守らず、おべっか使いの黄門令・黄皓《こうこう》を寵愛して、後宮に入り浸って遊びほうけていたような暗愚な君主であった。魏が大挙して攻め込んできた時も、姜維からの援軍要請を無視したことで、蜀の崩壊を早めたことも事実である。

しかし、陳寿が評で言うように、劉禅が暗愚となったのは黄皓を寵愛するようになってからで、それまでは諸葛亮を父と仰ぎ、政務に余計な口出しをしなかったことは評価すべきである。そればかりか、明代の学者・于慎行が著した『穀山筆塵』には、劉禅が暗愚

劉禅は諸葛亮を父と仰ぐ良き藩主であった

だったのではなく、彼自身の身を守るための保身術に長けた人物であったことが記されている。不審な動きがないかに注意深く目を光らせる司馬昭に賢人ぶりを見せることこそ愚かな行為というべきで、馬鹿を演じていればその心配がないからというのである。己の保身のために必死に暗愚さを演じていたとすれば、それは名優の名に値する。国家というものに思いを馳せることはほとんどなかったという点からすれば暗君といわれてもしかたがないかもしれないが、彼個人の資質としては、暗愚でなかったのかもしれないのだ。

諸葛亮存命中の劉禅は暗君ではなかった（ドラマ『三国志 Three Kingdoms』©中国伝媒大学電視制作中心、北京東方恒和影視文化有限公司）

謎 曹操だけでなく、司馬懿も大量殺人者だった？

真実は？

すでに降伏した兵ばかりか、15歳以上の男をことごとく殺した！

三国時代の大虐殺者といえば、真っ先に名があがるのが曹操であることはいうまでもない。徐州において父の仇討ちと称して陶謙を殺害するとともに、多くの人をことごとく殺害したことが「陶謙伝」に記されている。死者の数は「万単位」にのぼったといい、「泗《し》水《すい》の流れがせき止められた」というほどであった。また、曹操が「官渡の戦い」で袁紹を打ち破った後、袁紹軍の「兵士7~8万人を穴埋めにした」という記事も、「武帝記」における裴松之の評として記されている。

しかし、曹操だけでなく、曹丕、曹叡にも仕えた司馬懿もまた、実は、大量虐殺者であったことは、意外と話題にされることが少ない。それは、遼東において自ら燕王を称して勢威を張っていた公孫淵《こうそんえん》を討伐した際に起きている。

景初2（238）年春、大尉であった司馬懿が、明帝（曹叡）に命じられて、歩兵、騎馬4万を率いて遼東へと進軍していった時のことであった。出陣を前に、司馬懿は明帝に対し、「往きに百日、攻撃に百日、もどりに百日、六十日を休養にあてるとして、1年もあれば十分です」と言いのけた通りの行程で、公孫淵を討ち取って帰還している。司馬懿が遼東に到着したこ

「通俗三国志英雄上壹人」司馬懿（歌川国芳）より

ろ、ちょうど長雨に祟られてすぐには攻撃できなかった。雨があがると、土山を築き、やぐらを建造して、その上に連発式の弩を作って、城内に射させた。城内は次第に食糧が尽き、人が人を喰らいあった末、おびただしい人が死んでいったという。それでも司馬懿の攻撃は止むことなく続いたため、公孫淵は子の脩とともに数百の騎兵を率いて城内から逃走。結局は、捕らえられて首を刎ねられてしまった。その直前、公孫淵は和議を申し出ているが、司馬懿は無慈悲にも拒否して殺害に及んでいる。さらに、ここから司馬懿の悪名を轟かせた大虐殺が始まるのである。「張楊伝」によれば、城が陥落したにもかかわらず、「相国以下を

司馬懿も大量虐殺者であった（ドラマ『三国志 Three Kingdoms』© 中国伝媒大学電視制作中心、北京東方恒和影視文化有限公司）

斬り殺し、数千の首級をあげた」というのだ。さらに『晋書』宣帝紀によれば、「男子で年が15以上のもの7千余人は皆之を殺し、以て京観を為した」とある。15歳以上の男を7千人以上も殺して、京観という名の死体の山を築いたというのである。戦争で討ち取った敵兵を山積みにして塚を作ることは古代中国においては、戦勝記念碑としての意味合いもあり、「黄巾の乱」を起こした張角の弟・張宝らを討ち取った皇甫嵩《こうほすう》や、「綿竹の戦い」で蜀漢の兵を埋めた鄧艾なども築いている。しかし、司馬懿の場合は、戦時中に敵兵を殺したのではなく、すでに降伏した兵士や、武器を持たぬ官吏に至るまで、自己の都合によって殺害したことが問題であった。さらに、曹爽《そうそう》との権力闘争の渦中にあった際には、曹爽を欺いて誅殺。そればかりか、「徒党の者を悉く《ことごとく》三族に至るまで老若男女を問わず皆殺しにし、おばや姉妹ら既に嫁いでいた女性もみな殺した」(『晋書』宣帝紀)というような非情さだったのである。かつて曹操が司馬懿を評して「狼顧の相あり」としたが、まさにその猜疑心の強さに加え、このような苛烈な処置を平気で行う残忍さをも併せ持っていたのである。その後の遼東が反魏の温床にならないよう、その芽を摘み取っておこうという政略のもとで行われたものとはいえ、大量の血を流したことに変わりはない。それは拭いたくとも拭えない汚点として、後世まで司馬懿の名を辱めることになったのである。

謎 最後に勝ったのは誰？

真実は？

蜀、魏、呉が滅んで晋が残ったものの、その命運も短いものであった！

魏、呉、蜀三国のうち最初に滅んだのは蜀であった。景耀6（263）年、魏の征西将軍・鄧艾が無人の山中をたどって綿竹を急襲。諸葛瞻を撃破して雒へと押し寄せたところで、後主・劉禅が降伏したからである。その後の劉禅の動向は、172ページ以下に記した通りである。劉禅が降伏しようとした際、その子・劉諶《りゅうしん》が激怒して徹底抗戦を主張したものの認められず、妻子を殺して自害したことで、側近たちの流涕を誘ったということもあった。蜀漢滅亡の原因として、暗愚な劉禅が宦官・黄皓を寵愛し、その悪行を許したことが第一の理由として半ば定説化しているが、はたして本当にそうだろうか？　172ページでも疑問を投げかけたように、もし劉禅が暗愚を装った賢者であったとすれば、黄皓を寵愛して政をないがしろにしたことすら見せかけであったとも考えられるのである。

そもそも、鄧艾が攻め込んできた際も、劉禅には戦う気持ちすらなかった。劉諶のいうようにここで徹底抗戦すれば、多くの将兵が傷つき死んで行く姿が、劉禅には堪え難いものに思えたに違いない。あっけなく降伏した背景には、そのような劉禅の思惑が大きく働いていたとも考えられるのである。結果として、当時すでに魏の実権を握っていた司馬昭は、劉禅を安楽公に封じたばかりか、その子孫で侯に封じた者は50人余りにものぼり、尚書令の樊建《はんけん》や侍中の張紹《ちょうしょう》、光禄大夫の譙周《しょうしゅう》、秘書令の郤正、殿中督の張通《ちょうつう》にいたるまでことごとく列侯に封じた。振り返ってみれば、劉禅の降伏は蜀漢の民を守るための最善策であったと見ることができるのである。

一方、蜀を滅ぼした魏に目を向けてみると、こちらも、蜀が滅んだ時には、すでに実態を為していなかった。嘉平元（249）年に起きた司馬懿のクーデターによって、大将軍の曹爽が誅滅されて実権が司馬一族に移ったことで、魏王朝は死に体でしかなかったからである。魏主・曹芳《そうほう》を皇帝の座から引き摺り下ろし曹髦《そうぼう》を擁立したものの、それは単なるお飾りでしかなかった。さらに、司馬昭の専横に耐えきれず反旗を翻した曹髦さえも弑した後、曹奐が皇帝となるも、もはや司馬昭の単なる操り人形でしかなかった。咸熙元（2

６４）年、司馬昭の跡を継いだ長子・司馬炎が、魏の曹奐から禅譲とは形ばかりの帝位を奪い取ったことで、魏は名目上においても消滅してしまったのである。

最後に残った呉は、孫権が長命であったことも幸いして命脈を繋いでいたが、晩年には後継者問題で過ちを繰り返し、神鳳元（２５２）年に死去。わずか10歳で跡を継いだ孫亮《そんりょう》も権臣の諸葛恪に実権を握られ、陥れられて廃位となった。跡を継いだ弟・孫休《そんきゅう》もわずか30歳にして急死。さらにその跡を継いだのが、悪名高き孫皓《そんこう》であった。酒色に溺れたばかりか、意にそわぬ宮女を殺して川に投げ込んだり、人の顔の皮を剥いで目をえぐるという残虐な行為を繰り返していた。人心が離れ、誰も孫皓のために尽力しようとする者がいなくなったことをみて、好機到来とばかりに、晋が呉討伐の大軍を繰り出したのである。杜預《とよ》を大都督に任じて10万の軍で江陵へと攻め寄せたのをはじめ、司馬伷《しばちゅう》を徐中に、王渾《おうこん》を横江に、王戎《おうかい》を武昌に、胡奮《こふん》を夏口に送り込み、王濬《おうしゅん》と唐彬《とうひん》を長江から攻め込ませ、６方面から一気に攻めさせたのである。士気の劣る呉軍は各所で戦うこともなく次々と降参したことで、孫皓も降伏を決意。自縛して、晋の大将・王濬に降参したことで、呉の命運も尽きてしまったのである。

こうして魏、呉、蜀のいずれも天下統一を果たすこともなく次々と降されていったのに

司馬懿は、司馬炎と司馬昭に看取られながら死んでいった（ドラマ『三国志 Three Kingdoms』©中国伝媒大学電視制作中心、北京東方恒和影視文化有限公司）

反して、最後に勝者となったのは、魏、呉、蜀のいずれの創業者も想像だにしなかった晋という後発の国だったのである。

しかし、その晋でさえ、その命脈を長く保つことはできなかった。晋の初代皇帝・司馬炎《しばえん》も、呉を滅ぼしてからは一気に堕落し、朝政を顧みることもなくなったからである。跡を継いだ司馬衷《しばちゅう》も暗君で、外戚の専横を許して内乱が頻発。国境の防衛が疎かになったところを、匈奴などに侵略されてわずか4代52年で幕を閉じた。こうしてみれば、晋とて真の勝者とは言い難いのである。

いみじくも羅貫中が『三国志演義』の冒頭で「天下の大勢は、分かれること久しければ必ず合し、合すること久しければ必ず分かれるもの」と記したように、権力が未来永劫、ひと所に安住することはない。歴史が証明するこの真理をも顧みず、多くの権力者たちが無謀な戦いに明け暮れたのが三国時代であったといえるのである。

「諸葛亮の南征」の名舞台へ

「七縦七擒《しちしょうしちきん》」として語り継がれた
諸葛亮の偉業を垣間見たい。

「諸葛亮の南征」といえば、『三国志演義』では諸葛亮の華々しい活躍ぶりが語られている。しかし、正史『三国志』に記された南征記事は、諸葛亮が瀘水を渡って高定を殺害した後、孟獲をも捕らえたことを淡々と記すだけである。三国志関連の遺構と呼べるものも、当地では孟獲の生誕地に葬られた孟獲の墓（陸良）と、『演義』に記された諸葛亮と孟獲の戦いぶりを刻んだ壁画（曲靖）があるだけである。ただし、彩色沙林と呼ばれる奇岩連なる景勝の地内に、『演義』の記述を再現した歴史テーマパークがあるので、立ち寄ってみても面白い。広大な敷地内に点在する彫像は、いずれも奇抜なものばかりで笑えるものも多いが、それも皆、孟獲の蛮勇を讃えるというご当地ならではの努力の証し。童心に帰って素直に楽しむのが良さそうである。ちなみに、陸良へは、昆明からバスで２時間。彩色沙林へは陸良からバスで40分。孟獲の墓へは、彩色沙林からバイクタクシーでさらに10数分と、かなり手間がかかるのは覚悟しておいたほうがいい。

曲靖の街にある諸葛亮と孟獲にまつわる長大な壁画

孟獲の墓の下に作られた巨大な孟獲像

彩色沙林内に作られたユーモラスな塑像

諸葛亮「六出祁山」の名舞台へ

さしたる成果もなく撤退していった
諸葛亮の北伐の地をめぐってみよう。

諸葛亮の北伐は、『三国志演義』に「六出祁山《きざん》」と記されたとはいえ、6度も祁山に進出したわけではない。実際には第1次北伐「街亭の戦い」時と、第5次北伐「祁山の戦い」時の2度だけである。他の第2次「陳倉の戦い」、第3次「武都・陰平の戦い」、第4次「赤坂・成固の戦い」、第6次「五丈原の戦い」は、祁山を通過せず、他のルートをたどって魏軍と戦火を交えているのが実状である。第1次と第5次の北伐の舞台となった祁山は、宝鶏の街からバスで2時間半ほどでたどり着く天水で、さらにバスを乗り継いで2時間という長い道のり。不便とはいえ、途上の車窓風景が格別であるため、長旅が何ら苦痛にならないのがありがたい。山上に武侯祠が建てられた小高い丘を車内から遠望した時には、感動をも覚えたほどであった。施設自体は小さくて、決して見応えがあるというほどのものではないが、断崖にそびえる姿は、他を凌駕する趣がある。何はともあれ、ここはひとつ、諸葛亮になりきったつもりで、北伐の戦術を独自に練り直してみるというのが良さそうである。

「六出祁山」と記された石像

祁山武侯祠のある丘陵地

訪れる人もなくひっそりとたたずむ武侯祠内

巨星、落つ。諸葛亮最期の地へ

睨み合いの末に
はからずも諸葛亮が没す。

第５次北伐「祁山の戦い」において、中都護・李厳《りげん》に足を引っ張られて撤退を余儀なくされた諸葛亮が、満を持して臨んだのが「五丈原の戦い」であった。その舞台となった五丈原の台地は、宝鶏の街から車で20分ほどの五丈原鎮にある。高さ数十mもの見上げるような丘の頂を目ざしてS字カーブをうねうねと登ること数分で、平坦な台地上へとたどり着く。今は諸葛亮廟が設けられ、多くの参詣者たちで賑わうところである。鼓楼や鐘楼前の広場を通り過ぎて奥へと進んでいけば、諸葛亮が祀られた正殿や八卦殿、献殿などが点在している。中には『三国志演義』において諸葛亮が死去する時に流れ落ちてきたという流星のレプリカ（本物はどこにあるの？ とツッコミたくなるが…）まで置かれている。

諸葛亮廟の見学を終えたら、五丈原の台地から一直線に設けられた階段をたどって降りてみたい。そこには、諸葛泉と名付けられた井戸があり、今もこんこんと湧き出る清水を口にすることもできるからだ。諸葛亮もきっと、この水を飲んだに違いない…と思い描くだけで喜べるのも、奇妙といえなくもない。

諸葛亮廟前に置かれた五丈原の石碑

五丈原の台地上からの眺望。ここから諸葛亮は司馬懿の大軍を見下ろしていた

諸葛亮廟内に祀られた諸葛亮

蜀の命運を賭けた
姜維北伐の舞台へ

姜維の奮戦も虚しく
降伏せざるを得ない状況に。

諸葛亮亡き後、蜀の命運を託された姜維。彼が最後の攻防の地としたのが、天下の険と呼ばれた天然の要害・剣閣であった。切り立った山肌が左右から押し迫る難所さえ抑えれば、どんな大軍が来ようとも微動だにしないと思えるような地であった。姜維はここに砦を設けて、鍾会の侵攻を食い止めていたのである。

蜀攻防の地としては最大級ともいうべき遺址・剣閣には、建て替えられたばかりの主楼がそびえて壮観である。入口から渓谷に沿って歩くこと30分でたどり着く。途上、脇道をたどったところに姜維の墓もあるので、こちらも是非立ち寄っておきたい。ちなみに、姜維が剣閣で鍾会と対峙している間に、別ルートで成都を目ざしていた鄧艾が、陰平から人跡未踏ともいえる山中を分け入って成都へと迫ったことで、劉禅が降伏。姜維も涙ながらに降伏せざるを得ない状況に追い込まれている。その悔しさを象徴するような石像も剣閣の主楼近くに置かれているのでお見逃しなく。

蜀最後の大将軍となった姜維像（中央）

両側から断崖が押し迫る天然の要害であった

姜維の墓にも立ち寄りたい

三国志の史跡一覧

名場面	場所	主な見どころ
桃園結義	河北省涿州市	漢昭烈皇帝劉備故里、三義宮、張飛廟
虎牢関の戦い	河南省鄭州市	虎牢関石碑、呂布城、三義廟、董陵
董卓の横暴	河南省洛陽市	洛陽故城城壁
董卓の死	陝西省西安市	漢長安城遺址、未央宮址
曹操の躍進	河南省許昌市	毓秀台、伏皇后の墓、許昌故城址
関羽の降伏	河南省許昌市	春秋楼、関聖殿、覇凌橋
官渡の戦い	河南省鄭州市	官渡古戦場、官渡寺
髀肉の嘆	河北省襄陽市	襄陽城、檀渓
三顧の礼	河北省襄陽市	古隆中(武侯祠、牌坊、三顧堂)
長坂坡の戦い	湖北省当陽市	趙雲騎馬像、長坂坡公園、張翼徳横矛処碑、娘娘井
赤壁の戦い	湖北省赤壁市	赤壁古戦場、鳳雛庵
涪城の会	四川省綿陽市	涪城、蔣琬の墓、恭侯祠
合肥・濡須口の戦い	安徽省合肥市	逍遥津公園、明教寺、
定軍山の戦い・漢中の戦い	陝西省漢中市	古陽平関、定軍山、古漢台、褒斜道、漢諸葛武侯読書台
関羽の死	湖北省荊州市	荊州城、麦城遺址、漢雲長顕聖処、周倉の墓
	河南省洛陽市	関林廟
	湖北省当陽市	関陵
夷陵の戦い	湖北省宜昌市	張飛擂鼓台、猇亭古戦場
白帝託孤	重慶市奉節県	白帝城、長江
諸葛亮の南征	雲南省昆明市	彩色沙林、孟獲の墓、壁画
諸葛亮の北伐	甘粛省天水市ほか	祁山武侯祠、大散関、明月峡、昭化古城、街亭
五丈原の戦い	陝西省宝鶏市	五丈原諸葛亮廟、諸葛泉、武侯墓、斜谷関
姜維の北伐	四川省広元市	剣閣、姜維の墓、剣渓橋
蜀の終焉	四川省成都市ほか	武侯祠、恵陵、翠雲楼
呉の終焉	江蘇省南京市	梅花山の孫権墓、玄武湖公園、石頭城

まだまだある「三国志」の謎

謎

曹操はなぜ帝位に即かなかったのか？

真実は？

曹操が帝位に即くには時期尚早であったため、息子・曹丕にその夢を託したのだ！

曹操が献帝から公に封じられた上、本来は天子のみ使用が許された九錫まで与えられたのは、建安18（213）年のこと。その位は、諸侯王の上であった。さらに、建安21（216）年には曹操の爵位を昇進させて魏王に封じられた。この時点で、後漢王朝の一藩国とはいえ、曲がりなりにも一王国の君主であることには違いなかった。すでに献帝ですらその傀儡でしかなかったため、事実上の最高権力者である。

益州を手に入れて勢力を拡大する蜀に警戒し始めた呉の孫権が、魏との連携を模索し始めたのもこの頃のことであった。建安22（217）年、魏との対決を不利とみた孫権が、曹操に対して上奏文をたてまつって自ら臣と称し、漢から魏への天命の移り変わりについ

銅雀台にて盃を掲げる曹操（ドラマ『三国志 Three Kingdoms』© 中国伝媒大学電視制作中心、北京東方恒和影視文化有限公司）

て説いたことがあった。これに対して曹操が、「こわっぱめ、わしを炉の火の上に坐らせるつもりか！」と言ったことが、「武帝紀」の注に引いた『魏略』に記されている。呉蜀に比べて、圧倒的な勢力を有する魏の君主でありながらも、曹操はこの時、自身が帝位に即けば大変な禍を招くに違いないとして、その意志のないことを公言したのである。夏侯惇も、漢の帝位がすでに終わりを告げていることを示し、天意に応えるよう促したものの、「わしは周の文王になろう」と表明したまま、ついに死ぬまで帝位に即くことはなかった。

では、曹操は、なぜ帝位に即こうとしなかったのだろうか？

まず考えられるのは、帝位に即くのが、ま

冕冠を被る曹操（ドラマ『三国志 Three Kingdoms』© 中国伝媒大学電視制作中心、北京東方恒和影視文化有限公司）

だ時期尚早と考えていた点である。呉と蜀が健在なうちに帝位に即けば、呉蜀が結束して問罪の軍を派遣してくることが目に見えていたからだ。そればかりか、孫権も劉備も帝を称し、各地で王位に即くものも頻発して収拾がつかなくなることも恐れていた。あくまでも、呉蜀を下して全国を統一し、安定政権となってから、心おきなく帝を称したかったからである。その夢は自身の世代では適いそうもない。そこで夢を託したのが、我が子・曹丕であった。曹操が自らを周の文王になぞらえたのも、実はその子・武王が殷《いん》を滅ぼして周王朝を打ち立てた故事にならったもので、曹丕に「新たな帝国を打ち立てよ！」という謎掛けだったのである。義祖父・曹騰の代から曹操に至るまで3代にわたって漢の禄を食み、曹操自身も漢の臣と称してきた以上、その恩愛に背いて忘恩の誹《そし》りを受けることもまた耐えられないことだったに違いない。しかし、「武帝紀」に「子桓（曹丕）兄弟の時代になれば三代を越えることになる」と記したように、「三代」のところを強調したところがミソである。つまり4代目となる曹丕なら、もはや漢の臣下云々を気に留める必要もなく、堂々と胸を張って帝位に即くことができるというのである。

また、曹操のもとに集まってきた者たちも、多くが漢の名族であったことも気になるところであった。荀彧などは曹操が公の位に即くことにさえ異を唱えたほどである。結果として荀彧が曹操に疎まれて自滅の道を歩まざるを得なかったのは、曹操が表向きは帝位に即く気などないとしながらも、実は心の奥では、それを願い続けていたことの表れであろう。

ともあれ曹操に願いを託された曹丕は、曹操が死去した後、禅譲とは名ばかりの帝位簒奪を強行した。この時点ではまだ呉も蜀も健在で、本来なら時期尚早であることには変わりなく、実力者曹操が不在となれば、動乱が起きることも想定された。それゆえ、危険な賭けではあったが、早々に帝位に即いたほうが無難との判断が為されたのである。延康元（220）年10月、曹丕は献帝からの禅譲の申し出を18回も辞退するという茶番劇を演じた末、文帝として即位したのである。

謎

曹操、孫権、劉備は親戚だった？

真実は？

『三国志』に登場する主役クラスは、皆、親戚だった！

三国時代に三つ巴の戦いを繰り広げた曹操、孫権、劉備といえば、いうまでもなく敵将同士の間柄である。中国全土を三分して、互いに覇を競いあった敵であった…はずである。その彼ら3人が親戚同士であったといえば、意外と思われる人も多いかも。ところが、実は彼らだけでなく、献帝をはじめ、袁紹、張繍《ちょうしゅう》、張魯《ちょうろ》、周瑜、張飛に、果ては司馬懿や諸葛亮まで親戚関係にあったというのだから驚かされる。これは主として政略結婚が横行していたためで、姻戚関係となることで、和平の糸口を探ろうという涙ぐましい努力の表れであった。でも、本当に彼らが皆親戚なのか？　人物相関図を見ながら検証してみたい。

まず、劉備を軸にして見てみよう。劉備の妻といえば、孫権の妹の孫夫人が有名。これ

曹操と劉備も親戚であった（ドラマ『三国志 Three Kingdoms』©中国伝媒大学電視制作中心、北京東方恒和影視文化有限公司）

は、「赤壁の戦い」の後、着々と勢力を伸ばしてきた劉備に脅威を感じた孫権が、劉備との同盟関係を強化することを目論んで妹を送り込んできたためである。

また、劉備配下の張飛の2人の娘は、ともに劉禅の妻となった。その母は、夏侯覇《かこうは》の従妹である。「夏侯淵伝」に、建安5（200）年のこととして、張飛が薪取りに出かけていた当時13～14歳であった夏侯覇の従妹を強奪して妻としたことが記されている。夏侯覇は曹操と姻戚関係にあるから、これだけでも、孫権、曹操、劉備、張飛が親戚であったことがわかる。

さらに、曹操の次女・節が献帝の妻となって皇后の座に上ったほか、息子の整が袁紹の息子・袁譚の娘を娶っている。曹操の息子・均も張繍の娘を、宇は五斗米道の教祖・張魯の娘を、彰は孫堅の甥・孫賁《そんふん》の娘を娶っているから、さらに袁紹、張繍、張魯、孫堅、ひいては孫権とも繋がったことになる。

また、曹操の妹は夏侯淵の妻であるが、曹操の弟の娘は孫権の弟・匡の妻である。美人としてその名が知られた二喬のうち、姉の大喬は孫策の妻に、妹の小喬は周瑜の妻となったから、周瑜とも繋がったことになる。

さらに意外なのは、結果的には三国を滅ぼした張本人ともいえる司馬懿までもが、この姻戚関係に加わっている点だ。文帝に殺された側室を墓から掘り出したことでも知られる夏侯尚と正妻・徳陽公主の間にできた娘が、司馬師に嫁いで景懐皇后となった徽である。司馬師の父はいうまでもなく司馬懿であるから、ここで司馬一族とも繋がったのである。

意外にも盲点となっていたのが、諸葛亮との関係である。「諸葛亮伝」にあまりにもさらりと記されているところから見過ごしやすいが、諸葛瞻が、公主、つまり劉禅の娘を娶って騎都尉を拝命したと記されているのだ。これによって、諸葛亮の死後の話ではあるが、とうとう諸葛瞻の父・諸葛亮までもが仲間入りを果たしているのだ。となれば、120ページでも記したように、劉表や蔡瑁までもが加わってくる。もはや『三国志』に登場する主要人物で、姻戚関係にない人物を探すことの方が難しいといえるのである。

『三国志』登場人物の姻戚系図

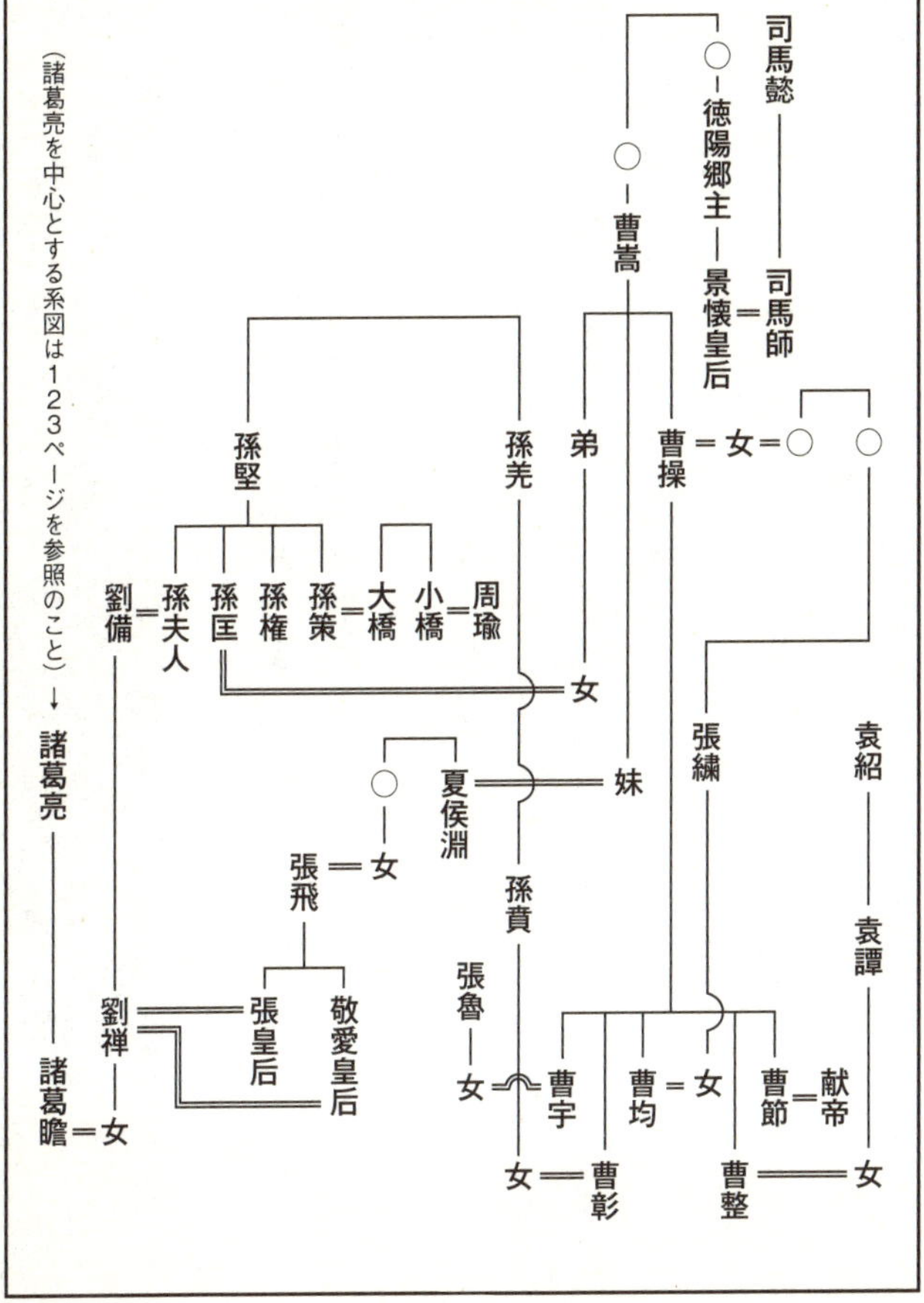

謎 張飛が主人公の『三国志』がある？

真実は？

大音声で怒鳴りつけるや、長坂橋が真っ二つに割れて、30万もの曹操軍を驚かせて敗走させた！

張飛といえば、魏の参謀・程昱《ていいく》が「1人で1万人の兵に匹敵する」と評したように、武勇に秀でた人物であったことは間違いない。呉の周瑜でさえ、「張飛、関羽を従えれば大事業も成せる」といわしめたほどであった。『三国志演義』でも、「豹のような頭にドングリ眼で、燕のような顎に虎髭」に加えて「雷のような大音声で、暴れ馬のような勢いがある」とまで評されるほどの奇怪な風貌を持つ豪傑であった。

ところが、どこかコミカルな面もあって、常に義兄の劉備や関羽にたしなめられることもしばしばで、やんちゃ坊主というのが相応しい。武勇においても、賞賛の声があがるものの、常に「関羽に次ぐ」というもので、今ひとつ表舞台に立ちきれない脇役の感はいなめない。『演義』の主役クラスは、諸葛亮、劉備、関羽、曹操あたりであり、張飛はあくまでも脇役。むしろ関羽の引き立て役といった役柄を与えられているようでもある。

ところが、この暴れん坊の張飛が主人公として登場する『三国志』本があったというのだから驚かされる。それが、元代の至治年間（1321〜1323年）に建安の虞氏によって刊行された『三国志平話』なのである。ここでは、熱血漢の張飛がだれ憚ることなく思う存分暴れまくって曹操らをこてんぱんにやり込めたことで、民衆を大喜びさせたのだ。羅貫中は『演義』を著すにあたって、正史『三国志』だけでなく、この『平話』に描かれた逸話も数多く自著に取り入れている。

全相三国志平話
訳：立間祥介

元代に成立した『三国志』本で、それまで流布していた講談話をまとめたもの。全相とは、挿絵が全ページに描かれたものである。

この本のユニークなところは、前漢の韓信が曹操に、彭越が劉備に、英布が孫権に、高祖・劉邦が献帝に、その妻・呂后が伏皇后に生まれ変わったとする転生譚《たん》であった点である。さらに上中下3巻で仕上げられた講談本で、劉備、関羽、張飛の3人が桃園で義兄弟の契りを結ぶ場面からはじまって、南匈奴の首領・劉淵が晋を滅ぼすところで幕を閉じるという構成。そこで中心的な役割を果たすのが張飛なのである。

劉備を侮辱した定州太守の一族郎党を皆殺しにしたばかりか、事件の調査に訪れた督郵（巡察官）を殴り殺した上、身体を6つに切断して吊るすという残忍なことも平気であった。

張飛が督郵を鞭打つ場面

この後劉備らは将兵を引き連れて山賊になっている。

当代きっての猛将・呂布との一騎打ちでは一歩も引けを取らない。劉備と関羽が出陣して留守を預かった際には、大酒を飲んで酔いつぶれて寝ている間に、呂布に徐州を奪われる始末。小沛《しょうはい》に拠点を移して再起を図ろうとするものの、張飛が呂布の金品を強奪して、またもや怒った呂布に取り囲まれてしまう。その失態を関羽に「何もかもお前のせいだ」と責められると、張飛は呂布の包囲網を突破して曹操のもとへと救援要請に向かう。曹操が話を信じないとなるや、再び呂布の包囲網を突破して小沛に戻り、劉備に援軍依頼の手紙を書いてもらってふたたび曹操のもとへと向かうのだ。

通俗三国志之内長坂橋ノ図（歌川国芳）より

さらに痛快なのは長坂橋での話である。わずか20騎の兵を従えて橋のたもとに陣取っていたところに、曹操が30万もの軍勢を引き連れて押し寄せてきた。張飛は大軍をものともせず、「わしと戦うものはおらんのか」と大音声で怒鳴りつけるや、あまりの声の大きさに、橋が真っ二つに断ち切れてしまい、驚いた曹操軍が30里も後退したというとてつもなく奇抜な物語に仕上げているのだ。

ちなみに、奇抜な『三国志』本といえばもう1冊、関羽の息子として登場する架空の人物・関索が主人公の『花関索伝』も異色である。こちらは全編にわたって関索が登場し、ほとんどの一騎打ちで関索が勝利を収めるというもの。父・関羽はもとより、劉備や諸葛亮まで、関索の脇役に徹しているというのがユニークである。

謎

諸葛亮は天才軍師ではなかった？

真実は？

政治家としては優れていても、とても優れた軍師と呼べるようなものではなかった！

『三国志演義』において、智将としてその名を知られていたのは、言うまでもなく諸葛亮である。「三顧の礼」をもって迎え入れられた劉備に、「天下三分の計」を授けた上、これを見事現実のものとしたその力量は、今更あえて称えることもあるまい。「赤壁の戦い」では、呉の周瑜をも手玉に取り、「奇門遁甲の術」をもって火計に欠かせない南東の風を起こして曹操船団を殲滅《せんめつ》。さらには曹操の逃走路までもを比類なき洞察力で完璧に予測し、伏兵を配して曹操を這々の体にして逃げ惑わせるなど、神業とも思えるような天才軍師ぶりを発揮するのである。

さらには、周瑜に10万本の矢の調達を持ちかけられた時には、船を曹操陣営に寄せて矢を射かけさせ、容易く集めた。南征においては、自ら考案した機械仕掛けの猛獣を繰り出して、孟獲をはじめとする南方の異民族を手なずけるほどであった。

さすがに、正史『三国志』では諸葛亮の『演義』に見られるような神懸かり的な行動は記していないが、それでも極めて能力の高い人物だったことはしっかりと記載されている。弁舌を駆使して、魏との開戦を躊躇する孫権をなびかせたのも彼であった。陳寿も諸葛亮を評して、「政治のなんたるかをよく知る良才であり、管仲《かんちゅう》、蕭何《しょうか》といった名相たちの仲間といってもいい」とまで称えている。注を記した裴松之まで、「もし諸葛亮が魏に仕えていれば、陳《ちん》羣《ぐん》や司馬懿ですら対抗できる相手ではない」というほどであった。

しかし、それらの評価は、政治家としての能力であり、必ずしも戦場における采配に対するものではなかっ

頭に綸巾、手に鶴氅というお馴染みのスタイル

古隆中の武侯祠内に祀られた諸葛亮

た。戦略指揮にあたる軍師としての能力に限定すれば、諸葛亮に能力があったと言い切ることは難しいのである。「赤壁の戦い」においては、諸葛亮は孫権を説得しただけで、采配を振るったという記録もない。劉備存命中は、常に食糧や兵員の調達という後方支援が主な任務であった。劉備亡き後、初めて南征において自ら采配を振るったものの、微力の南方少数民族相手では、さほど飛び抜けた能力を必要としなかったのが実状であった。おまけにその戦果のすべてが諸葛亮のものとなった。結果的には、諸葛亮にとって、はじめてともいえる大規模演習であった。

南征で得た軍師としての能力を続く北伐において発揮しようとしたものの、初戦の街亭において馬謖の失態で敗走させられたのは痛かった。その後も度々出陣したものの、さして得るところも少なく、ただ兵を損傷し、国力を低下させただけであった。陳寿が諸葛亮の政治家としての能力を認めながらも、「毎年軍勢を繰り出しながらも成功しなかったのは、臨機応変の軍略が彼の得意とするところではなかったからであろう」と記したのも無理のないことであった。裴松之が注に引く『袁子』（袁準撰）にも、「状況の変化に対応することは得意ではなかった」とあり、呉の大臣である大鴻臚・張儼《ちょうげん》も、自著『黙記』において、「毎年出征しながら、わずかな土地を攻略することもできず、帝業を開くどころか国内を荒廃させてしまった」と記しており、手厳しい評価を下す識者も少なくなかった。残念ながら、軍師としては、とても天才とは言い難い人物であったとしかいいようがないのである。

諸葛亮の北伐シーン（漢中武侯祠内のジオラマ）

謎 羅貫中に死因を変えられてしまった英傑たちは？

真実は？

魏の張遼や徐晃、蜀の黄忠、張苞、関興、呉の孫堅、孫策も皆、死因を変えられていた！

羅貫中が『三国志演義』を記すにあたって、物語を面白くするために史実を変えてしまった部分は数限りなくある。歴史の真相を知りたいと願う者にとっては、実のところ迷惑この上ないことであった。作り話とわかってはいても、つい面白く読み進めてしまうから、あげく、正史の記述と混同してしまって、訳が分からなくなってしまうことも少なくないからである。

混同しては困る最たるものが、英傑たちの死因や没年に関するものである。せめてここだけは、変えないでほしかったと、意気消沈することも少なくない。実のところ、思いつくまま指折り数え上げただけでも20名前後にも上るからである。詳細に調べ上げたら、いったい何人になるのやら…。

　ともあれ、その名をあげてみよう。まずは魏から。よく知られたところでは張遼や徐晃の名があがるが、郭淮や李通などもその部類に入る。猛将・張遼は、正史『三国志』「張遼伝」では、章武元（２２１）年に「病が重くなって死んだ」ことになっているが、『演義』では、黄初５（２２４）年の「広陵の戦い」まで生きていて、この戦いのさ中に、呉の名将・丁奉に矢を射られたことにしている。矢傷を負った張遼が、徐晃に助けられて何とか許都へ戻ったものの、矢傷が張り裂けて死んだことにされた。

合肥の逍遥津公園内の張遼像

　その時張遼を助けた徐晃もまた、本来は太和元（２２７）年に病死したはずであるが、『演義』では翌年まで生きたことにされ、新城で孟達に額を射られて壮絶な戦死を遂げたことにされた。また、正元２（２５５）年に病死したはずの郭淮も、『演義』ではその数年前の嘉平元(２４９)年に早々と殺されてしまった。建安14（２０９）年に病死したはずの李通も建安16（２１１）年に馬超の攻撃を受けて戦死している。

　蜀に目を転じてみよう。ここでは黄忠、張苞《ちょうほう》、関興《かんこう》らの名があがる。黄忠は老兵とはいえ五虎将軍のひとりに数えられた猛将であるが、正史には建安25（220）年に死去したとされるものの、『演義』では　章武2（222）年の「夷陵の戦い」にも出陣。馬忠に矢を射られて死んだことにされた。また、張苞の没年、死因は不明ながら、「父に先んじて死去」したことが記されているから、遅くとも章武元（221）年までには死んでいたはずである。それも『演義』では、建興6（228）年の第2次北伐時まで生かされて谷に転落して死んだことになっている。さらに、関羽の子・関興にいたっては、正史には章武2（222）年に死去した馬良の後任として侍中・中監軍に任じられたものの、その数年後に死去したというが、『演義』では、建興9（231）年に始まった第4次北伐まで生き長らえて、ほどなく病没したことにしている。この場合は、まんざら間違いとは言い切れないが、9年後を数年後といえるかどうか微妙なケースである。

一方、呉では孫堅、孫策をはじめ、甘寧《かんねい》、太史慈、朱然《しゅぜん》らも死因を変えられている。孫堅は、正史内においても、その死因及び没年に異説が存在する。陳寿が記した「孫堅伝」本文には、初平3（192）年に黄祖配下に射殺されたことになっているが、「孫破虜伝」の注『英雄記』では初平4（193）年に落石によって死んだことになっている。『演義』はなぜかその間をとって、初平3（192）年に石をぶつけられて死んだことにしている。

その子・孫策も、「孫策伝」では許貢の食客に襲われた時の傷が悪化して死んでいるが、『演義』では、あたかも自分が殺害した于吉の亡霊に呪い殺されたかのような書き方をしている。また、甘寧の死因や没年は「甘寧伝」には記されていないが、唐代に記された『健康実録』では建安20（215）年であったと記された。『演義』では、章武2（222）年の「夷陵の戦い」において蛮王・沙摩柯《しゃまか》に矢を射られて死んだことになっているから7年もの誤差がある。

同じく呉の太史慈は、建安11（206）年に死去したはずが、建安14（209）年、合肥における張遼との戦いの際に矢を射られ、その傷がもとで死んだことにされた。朱然も赤烏12（249）年まで生きて病死したはずが、『演義』では「夷陵の戦い」時に、趙雲の手によって早々と斬られて死んだ。朱然とともに関羽征伐に功を為した潘璋も、嘉禾3（234）年まで生きていたはずなのに、『演義』では「夷陵の戦い」において関興に殺されており、関興に仇討ちをさせている。

その他、袁紹配下の麹義《きくぎ》や、劉表の次男・劉琮、道士・于吉なども死因や没年などを変えられた面々。呉の朱桓《しゅかん》は生年を変えられるなど、生年まで含めれば、数えきれないほど出てきそうである。

謎 『三国志演義』に登場する架空の美女、猛女は？

真実は？

美女の貂蟬、鄒氏、猛女の祝融夫人、スパイの静姝らが架空の女性であった！

勇猛果敢な猛将たちが矛を交えることの多い『三国志演義』は、ともすれば殺伐とした思いにかられてしまうことが多い。そんな時、妖艶な美女が登場すれば、つかの間とはいえ、ほっと癒やされることになる。時には猛女や醜女、悪女までもが登場して心を乱されることもあるが、それもまたドラマの筋立てが一層面白みを増してくると考えれば、良しとしたいところである。

では、『演義』には、いったいどれだけの美女や猛女、悪女などが登場しているのだろうか？　また、彼女たちは本当に『演義』で描かれたような美女や悪女だったのであろうか？　ここではその真相に迫ってみたい。

まず最初は、美女から取り上げたい。『演義』に登場する美女といえば、筆頭にあげられるのは、もちろん、中国四大美女のひとりに数えられた貂蟬である。董卓と呂布を手玉にとって「美女連環の計」に陥らせた絶世の美女である。まさに魔性の女を絵に描いたような女性であるが、76ページでも記したように、残念ながら架空の人物であった。董卓に仕えていた侍女がそのモデルではないかともいわれたが、真相は不明である。

また、喬公の2人の娘・大喬と小喬は、孫策が皖城を攻め落とした時に捕虜にして、孫策が大喬を、周瑜が小喬を妻とした美女である。『演義』では、月もその美しさに恥じて雲に隠れた「閉月美人」とも喩えられたことを記しているが、事実、「周瑜伝」にも絶世の美女であったことが記されている。ただし、曹操が二喬を銅雀台に侍ら

通俗三国志之内孔明六禽孟獲（歌川国芳）に描かれた祝融夫人

すことを目的として「赤壁の戦い」にのぞんだというのは作り話である。

孫権の妹で劉備の妻となった孫夫人（孫仁）は正史にも登場する実在の人物である。京劇や映画『レッド・クリフ』、ドラマ「三国志 Three Kingdoms」では孫尚香の名で登場するため、今では孫尚香のほうが、知名度が高くなったようである。映画やドラマに登場する孫夫人はとびっきりの美女であるが、正史には美女であったかどうかの記述はなく美女かどうかは不明。ただし、腰元数百人に常に薙刀《なぎなた》を持たせ、部屋にも武器を並べるという勇ましい女性であったことは確かである。『演義』では、劉備が「夷陵の戦い」で死んだとの誤報を信じて長江に身投げしたことになっているが、正史にはそのような記載は見当たらない。

一方、醜女として有名なのは、『演義』では黄氏の名で登場する諸葛亮の妻であるが、正史には名前は記載されていない。黄承彦の娘というだけである。人々が物笑いの種にするほどで、「醜い娘」とはっきりいうところから、史実だったと思われる。ただし、正史には「赤毛で色黒」とあるところから、黄承彦の実の娘ではなく、西域の女性であったとの説もある。

また、猛女として名高いのは、孟獲の妻として登場する祝融夫人である。こちらは飛刀

絶世の美女・静姝も架空の人物であった（ドラマ『三国志 Three Kingdoms』© 中国伝媒大学電視制作中心、北京東方恒和影視文化有限公司）

の達人でその腕前は百発百中。張嶷や馬忠をも一騎打ちで打ち負かすほどの腕前だ。ただし、この女性の風貌がどのようであったかは不明。しかももちろん架空の女性である。

張繍の族父・張済《ちょうさい》の未亡人である鄒氏も曹操がその美しさに惹かれて側室にしたほどであったので美女の誉《ほま》れが高いが、この女性もまた架空の人物である。その他、黄奎《こうけい》の妾として登場する李春香や、蜀の馬邈の妻・李氏も、さらには、ドラマ「三国志 Three Kingdoms」に静姝《せいしゅ》の名で登場する司馬懿の側室も架空の人物。静姝は曹丕から司馬懿の動向を監視する密命を受けたスパイとして登場するが、李依暁が演じる静姝の美しさは格別であった。

謎 架空の人物なのに墓がある？

真実は？

貂蝉、周倉、鮑凱らは皆架空の人物なのに、なぜか、墓があった！

『三国志演義』に登場する人物の総数は1192名。これだけでもすごい数と思えるが、正史『三国志』はさらにその上をいく。何と4866名もの人物が紹介されているのである。

ところが、正史にこれだけの人が紹介されているにもかかわらず、『演義』に登場する人物の何人かは、この中には入っていない。正史に記されていないから実在しなかったとは言い切れないが、そのほとんどが、羅貫中が創作した人物か、荒唐無稽な講談話が集められた『三国志平話』や『花関索伝』に登場する架空の人物である。

その数は、何と160名にものぼる。その中には、金環三結《きんかんさんけつ》や木鹿《ぼくろく》大王、兀突骨《ごつとつこつ》、董荼《とうと》那《な》、朶思《だし》大王など諸葛亮の南征時に対戦した洞主のように、いかにも架空と思えるような

架空の人物なのに墓がある？

架空の人物であるはずの周倉の墓

荒唐無稽の戦術を駆使する人物も数多く含まれている。彼らは物語を読み進めていくうちに架空の人物であることが容易に推測できるが、「赤壁の戦い」において、黄蓋の「苦肉の計」を信じ込まされて、曹操に誤報を伝えた蔡和《さいか》や、関羽が五関六将を斬って劉備のもとへ向かった際に登場する胡班《こはん》、曹操誅殺の計略をうっかり妾の李春香に洩らして処刑されてしまった黄奎までもが架空の人物だったというのは、物語が信憑性を帯びているだけに紛らわしい。

　その他、214ページ以下にも記した貂蟬や祝融夫人、鄒氏などをはじめ、孟獲の部下・阿会喃《あかいなん》や、曹操に資金を提供

貂蝉の実在を信じる人たちもいる（ドラマ『三国志 Three Kingdoms』© 中国伝媒大学電視制作中心、北京東方恒和影視文化有限公司）

した衛弘、関羽に斬られた王植、孫権の武将・賈華《かか》、劉度配下・邢道栄《けいどうえい》、関羽配下の周倉、夏侯淵配下の秦琪、関羽を成仏させた僧・普浄《ふじょう》、劉備に妻を殺して食べさせた劉安《りゅうあん》なども皆、架空の人物である。

不思議なのは、これら架空の人物の中には、なぜか墓のある人たちがいることである。よく知られている人物では、周倉や貂蟬がそうで、『花関索伝』に登場する関索の妻・鮑凱《ほうがい》も2人の姉・豊、義とともに葬られたとする墓がある。周倉は、関羽に付き従い、関帝廟などでも、関平とともに関羽の両脇を固める人物である。関羽が捕らえられて首を刎ねられた後、その死を知って自刎《じふん》したように描かれている。もちろん、

架空の人物なのに墓がある？

貂蟬の死にまつわる逸話も多い（ドラマ『三国志 Three Kingdoms』© 中国伝媒大学電視制作中心、北京東方恒和影視文化有限公司）

実在の人物ではないから、本来なら墓などあるはずもないが、なぜか荊州の麦城近くにその墓と言い伝えられる土盛りがある。

また、76ページにも記したように、美女・貂蟬も、山西省忻州市郊外の小さな村に墓が実在する。地元の人々は、その実在を本当に信じているかのようである。

さらに、架空の人物である関索（関羽の三男という設定になっている）を主人公とする『花関索伝』に登場する関索の妻・鮑凱の墓も四川省広元市にある。2人の姉とともに、鮑三娘墓と刻まれた墓碑の背後の土盛りに眠っているというが、真偽のほどは不明。なぜ、架空の人物の墓が存在するのか、不思議としかいいようがない。

謎 曹操や諸葛亮が教訓とした『孫子』とは？

真実は？

曹操が注釈を施して編纂し直し、諸葛亮が用兵のもととした名著であった！

三国時代は戦火に明け暮れた時代であっただけに、君主や軍師たちの言動には、古来より伝わった兵法書に依るところが多かったのも当然であった。正史『三国志』にも、様々な兵法書の名文が記載されている。太公望呂尚《りょしょう》が打ち立てた斉の国の将軍・司馬穰苴《しばじょうしょ》が著した『司馬法』の「将軍は綏（退却）の責任をとらせて死罪に処す」は、「武帝紀」に記された一文で、退却すること自体が死をも意味（家族までも罪に問われることもあった）していたことを表している。

また、太公望呂尚自身が周の文王や武王に兵学を指南したという設定で記された『六《りく》韜《とう》』軍勢篇に記された「急な雷鳴は耳をおおういとまがない」という一文も、「武帝紀」

に記されている。曹操が韓遂《かんすい》・馬超らを油断させておいて、士卒の力を蓄えた後、一気に攻撃して打ち破った際の妙として語ったものである。

さらには、同じく斉の桓公を覇者に押し上げた管仲が著したとされる『管子』法法篇の「戦士が功業によって俸禄を受けるならば、兵士は死を軽く見る」の一文は、「武帝紀」の注『魏書』に記されたもので、兵士に死をも賭して果敢に戦わせるためにはきちんと功を賞することの重要性を説いている。

銀雀山漢墓竹簡博物館内に展示された「孫臏兵法」

中でも、兵法に長けた曹操や諸葛亮の両名が最も重んじたのが、春秋時代の紀元前500年頃に栄えた呉の孫武が著したとされる兵法書『孫子』であった。孫武は呉王・闔閭《こうりょ》に仕えて、強国・楚の大軍を打ち破ったことで名を馳せた兵法家であるが、曹操はその兵法書に注釈を入れて編纂し直したほど兵法に通じていたのであった。その現存する最古の書といわれるのが、『魏武注孫子』三巻である。「武帝紀」の中にも「(曹操は)とりわけ兵法好きで、諸家の兵法の選集を作り『接要』と名づけた。また孫武の兵法十三篇（『孫子』）に注した」と記されている。

また、諸葛亮が心得とした用兵に関する術も、多くが『孫子』によるものである。陳寿が編纂した『諸葛亮集』の「便宜十六策」は諸葛亮が著したとされる名言集であるが、その「治軍 第九」に孫武が登場する。「それ用兵の道は、先ずその謀を定めて、然るのちにそれを施す」の一文で始まるが、戦いの前の準備が何より重要とするその姿勢は、『孫子』謀攻篇に記された「虞、すなわち計謀が行き届いて十分に準備が整った軍隊をもって、油断している敵にあたれば勝利間違いなし」と通じるものがある。諸葛亮はそこに孫武の名をあげて、彼のような優れた智謀を持つ将軍を任命することこそが勝敗のカギを握るとまで言い切るのである。さらには、『孫子』「用間篇」に記された5通りの間諜（スパイ）の重要性にまで言及しているのも見逃せない。

また、正史「馬良伝」においても、諸葛亮が涙を流しながら馬謖を処刑した理由として「孫武が天下を制圧し、勝利を得ることができたのは、法の執行が明確であったからだ」と、ここでもまた孫武の名を持ち出し、「法律を無視したならば、どうして逆賊を討つことができようか」との考え方を述べている。

ただ、残念なことに、『孫子』の兵法を細部にわたって十二分にマスターしていたはずの諸葛亮も、『孫子』の根底に脈打つ最も重要な思想に目を瞑っていたことは残念でならない。その一文とは、第一計篇の冒頭に記されたものである。「兵とは国の大事なり。死生の地、存亡の道、察せざるべからざるなり」つまり戦争は国家の大事で、国民の死活にかかわる問題である。国家存亡のわかれ道である以上、よくよく熟考してかからねばならないという。その大前提を踏まえているからこそ「国を全うするを上と為し、国を破るはこれに次ぐ」であり、「戦わずして人の兵を屈するは善の善なる者なり」（ともに第三 謀攻篇）というのである。諸葛亮が勝算の乏しい北伐を敢行したのは、まさにこの『孫子』の思想に反したものであった。ましてや、初戦の敗退に続いて5度も無謀な戦いを繰り広げたことは、「兵は勝つことを貴ぶも、久しきを貴ばず」（第二 作戦篇）という長期戦に持ち込むことを諫めた一文にも反している。かの智将・諸葛亮でさえ、『孫子』を学んだとはいえ、それを完璧に実戦で生かすまでには至らなかったようである。

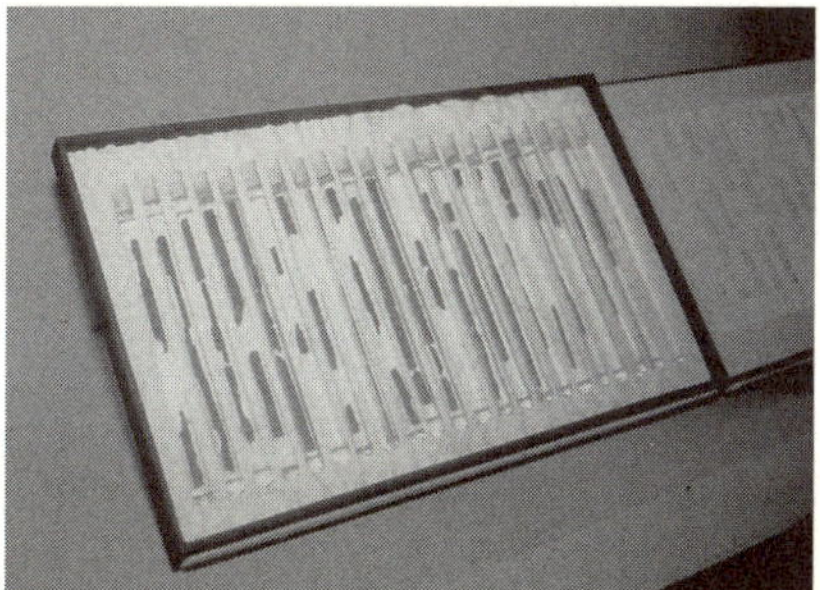

「孫臏兵法」の出土によって孫武の実在が証明された

謎 「伝国の玉璽」はどこにいったのか？

真実は？

袁術が所有した後、献帝に返還されたものの、その後の在処は不明のままであった！

「伝国の玉璽《ぎょくじ》」といえば、『三国志演義』では、孫堅が焼け野原となった洛陽の井戸の中から発見し、後に孫策が袁術に兵士と引き換えに譲り渡したとして記された皇帝の印である。建章殿の南の井戸から、何やら5色の光が射していたことから、中をさらわせたところ、首に錦の袋をかけた女の屍が引き上げられた。袋を開けてみると、4寸四方の玉璽が入れられていたという。5匹の龍の模様が刻まれたつまみの一部が欠けていたが、黄金を埋め込んで補修。玉璽の文句は、「受命於天既壽永昌」と篆書《てんしょ》の8文字が彫り込まれてあった。孫堅が程普に尋ねたところ、「伝国の玉璽です」と言われたことがその第6回に記されている。これは秦の26（前221）年、秦の始皇帝が玉工に命じて作らせたもので、李《り》斯《し》が8文字を刻んだものであった。後の子嬰《しえい》が漢の高祖に献呈したものの、新の王莽《おうもう》が孝元皇太后から無理矢理奪い取ろうとした際、怒った皇太后がこれを投げつけたことで一方の角が壊れてしまったのだという。光武帝が再びこれを手に入れた後、代々伝えられていたが、先頃の十常侍の反乱の際のどさくさのさなかに紛失していたものが、今こうして見つかったものであることを事細かに記すのである。

実は、正史『三国志』本文には、玉璽に関する記事を見つけることはできないが、裴松之が注に引いた『呉書』に記されている。その内容は、前述の『演義』とほぼ同様である。同書には井戸の中に女性がいたとは記されていないが、4寸四方の大きさで、5匹の龍の一部が欠けていたことや、印璽を司っていた者が井戸に投げ込んだ云々も皆同じである。ただし、孫策がこれを袁術に渡したというのは創作で、注に引いた『山陽公載記』では、伝国の玉璽を孫堅が手に入れたことを知った袁術が、孫堅の妻を人質にして無理矢理それを奪い取ったことが記されている。

玉璽とは、皇帝が用いる印璽のことであることは間違いないが、天子が用いる印璽は「伝国の玉璽」だけではない。実は皇帝が日常の命令書に押印するために使用するのは「伝国の玉璽」ではなく、「六璽」と呼ばれる6つの印璽のほうである。その印文は「皇帝之璽」

伝国の玉璽を手にする袁術（ドラマ『三国志 Three Kingdoms』© 中国伝媒大学電視制作中心、北京東方恒和影視文化有限公司）

「皇帝行璽」「皇帝信璽」「天子之璽」「天子行璽」「天子信璽」と刻まれたもので、命令書の内容に応じて使い分けられているのである。つまり、天子の印璽は「伝国の玉璽」とあわせて7つの印璽があったのだ。

日頃頻繁に使用される「六璽」のほうはともかく、問題は、「伝国の玉璽」の在処である。実は、袁術の手に渡った「伝国の玉璽」がその後どうなったかは、『後漢書』徐璆《じょきゅう》伝に記されている。それによると、廷尉・徐璆が袁術の死亡後、袁術が所有していた「伝国の玉璽」を見つけ、献帝に返上したというのだ。『演義』では袁術の死後、従弟の袁胤《えんいん》がこれを持って逃走するも、徐璆が奪い取って曹操の手に渡したことにしているが、『後漢書』では、曹操に渡ったとまでは記されていない。しかし、残念ながらその足取りは、そこでぷっつりと途絶え、今に至るまで行方不明のままである。

その後の歴代王朝はもちろん、権力の象徴である「国璽」を所持していたが、それらはいずれも、「伝国の玉璽」ではなく、王朝ごとに独自に作り直したものである。

福岡県志賀島から出土した金印のレプリカ

ちなみに、印章の形式には、璽、章、印の3種類、材質は玉、金、銀、銅の4種類あった。格式の高さも璽、玉が最上であった。つまり、玉で作られた璽、つまり玉璽が最上で、紀元57年に後漢の光武帝から授かったとされる「漢倭奴国王」の金印や、景初2（238）年に卑弥呼が魏帝から送られたという金印などは、玉璽に比べると、ぐ〜んと格式の劣るものであったことがわかるのである。

謎 魏呉蜀三国の兵力を比較してみると？

真実は？

圧倒的な兵員数と能力の差を見れば、蜀が魏に対抗するのは、無謀であった！

劉備が関羽の仇討ちと息巻いて呉に侵攻した「夷陵の戦い」。当初は蜀の圧勝かとも思えるような勢いであったことはよく知られるところである。しかし、諸葛亮が満を持して北伐を敢行した時には、大国・魏を前に、諸葛亮が勝機無き戦いを仕掛けたと見られてもしかたがなかった。それは、魏呉蜀三国の国力を数値としてはじき出して、客観的に比較してみることで証明できる。諸葛亮の出兵がいかに無謀なものであったかがよくわかるのである。蜀の兵力は、魏の5分の1でしかなかったからだ。まずは、三国の人口から兵員数を割り出して、それらを比較してみることからはじめたい。以下は年数に違いはあるものの、いずれも三国時代末期の数値である。

魏呉蜀三国の兵力を比較してみると？

無惨にも多くの兵士が死んでいった（ドラマ『三国志 Three Kingdoms』© 中国伝媒大学電視制作中心、北京東方恒和影視文化有限公司）

まず、魏の人口から。景元４（２６３）年の統計として、４４３万人という数値がはじき出されている。兵員数の記録は見当たらないが、およそ人口の1割を兵員として出兵させることができるとすれば、ざっと見て45万人が想定できる。

一方、呉の人口は、２３０万人（２４２年）だから、兵員数は23万人となる。これは魏の半数以上にあたるから、戦略戦術の如何によっては、十分対応できうる数値と見て良い。

これに対して、蜀はどうか？ 何と、人口はわずか94万人。兵員数は多く見積もっても10万人に満たないのである。10万にも満たない兵で、倍以上の呉の23万人に対抗することさえ無理があるのに、魏の45万人に対抗するなど無謀としか言いようがないのである。諸葛亮が『出師の表』において、こちらから戦いを仕掛けていかなければ、いずれ大国に呑み込まれてしまうと記したが、心情としては理解したいとしても、兵員数の差だけを見て判断すれば、とても真っ当な判断であったとは思えないのである。

　さらに、単なる兵員数の差だけにとどまらず、兵の能力そのものにも、国ごとに格差があったことも考慮に入れておきたい。それは、魏が中央集権的な体制を早くから確立し、それまで部曲と呼ばれていた各豪族たちの私兵集団をすべて直属の軍へと組み込んで、より強力な常備軍に仕上げていたことを鑑みても、

諸葛亮は兵力の差を自身の能力と工夫で補おうとした

蜀ばかりか呉でさえも、単独で魏に対抗することがいかに無謀なことであったか理解できるのだ。

その理由だが、呉は未だ旧態依然とした体制で臨んでいたため、君主といえども、常に豪族たちに気を配る必要があったからである。特に、顧氏、陸氏、朱氏、張氏ら呉郡四姓と呼ばれる有力豪族の勢力が強く、いずれも直属の配下でなかったところに組織としての弱さがあった。

さらに蜀にいたっては、劉備自身がもともと基盤を持たない成り上がりであったため、私兵集団の数も少なく、兵の大半が、行く先々でかき集めた雑兵か、南方の異民族たちであった。寄せ集め集団であったため、兵の結束力が弱く、統率するのもひと苦労という状態だったのである。5分の1の兵員差に加えて、弱兵揃いとあっては、いかに諸葛亮の智謀が高かったとはいえ、所詮、大国・魏に立ち向かうこと自体、危険な賭けであったとしか思えないのである。

蜀が安泰でいられたのも天然の要害に守られていたからであった

謎 「奇門遁甲の術」って本当にあったの？

真実は？

死門から入っては抜け出られず、生門から抜け出す云々は、羅貫中がでっちあげた戦術であった！

諸葛亮が「遁甲の術」なる方術を用いて、呉の陸遜を魚腹浦へと迷い込ませて抜け出せなくしたというのは、『三国志演義』第84回後半に記された話である。陸遜が夷陵において劉備の大軍を焼き払った後、敗走した劉備を追って西へと追撃に出た時のことである。目の前に天を衝く殺気が立ち上っているのに気付いて、数十騎を率いて石陣に入ったところ、突如激しい風が吹き起こり、砂を巻き上げ石を吹き飛ばして天地を覆い尽くしたという。見れば奇怪な岩が林立し、抜け出ることもままならぬ状況に陥ってしまった。そこに、たまたま通りかかった諸葛亮の義父・黄承彦が見かねて救い出すという筋立てになっている。義父の話では、それが諸葛亮の設けた『八陣図』で、休・生・傷・杜・景・死・

驚・開の八門のうち、陸遜が死門から入っていったため抜け出られなくなったとして、生門へと案内して難なく脱出させたのである。

もちろん正史『三国志』には右記のような奇怪な話は記載されていないが、「諸葛亮伝」に「兵法を応用して、八陣の図を作成した」という一文が記されている。この「八陣の図」というのが、具体的にどのようなものであったのかは何も記されていないが、南北朝時代の昭明太子が編纂した詩文集『文選』の注に引かれた『雑兵書』によれば、方陣、円陣、牝陣、牡陣、冲陣、輪陣、浮沮陣、雁行陣の8種類の陣形のことだという。

諸葛亮が東南の風を巻き起こしたのも「奇門遁甲の術」であったとする

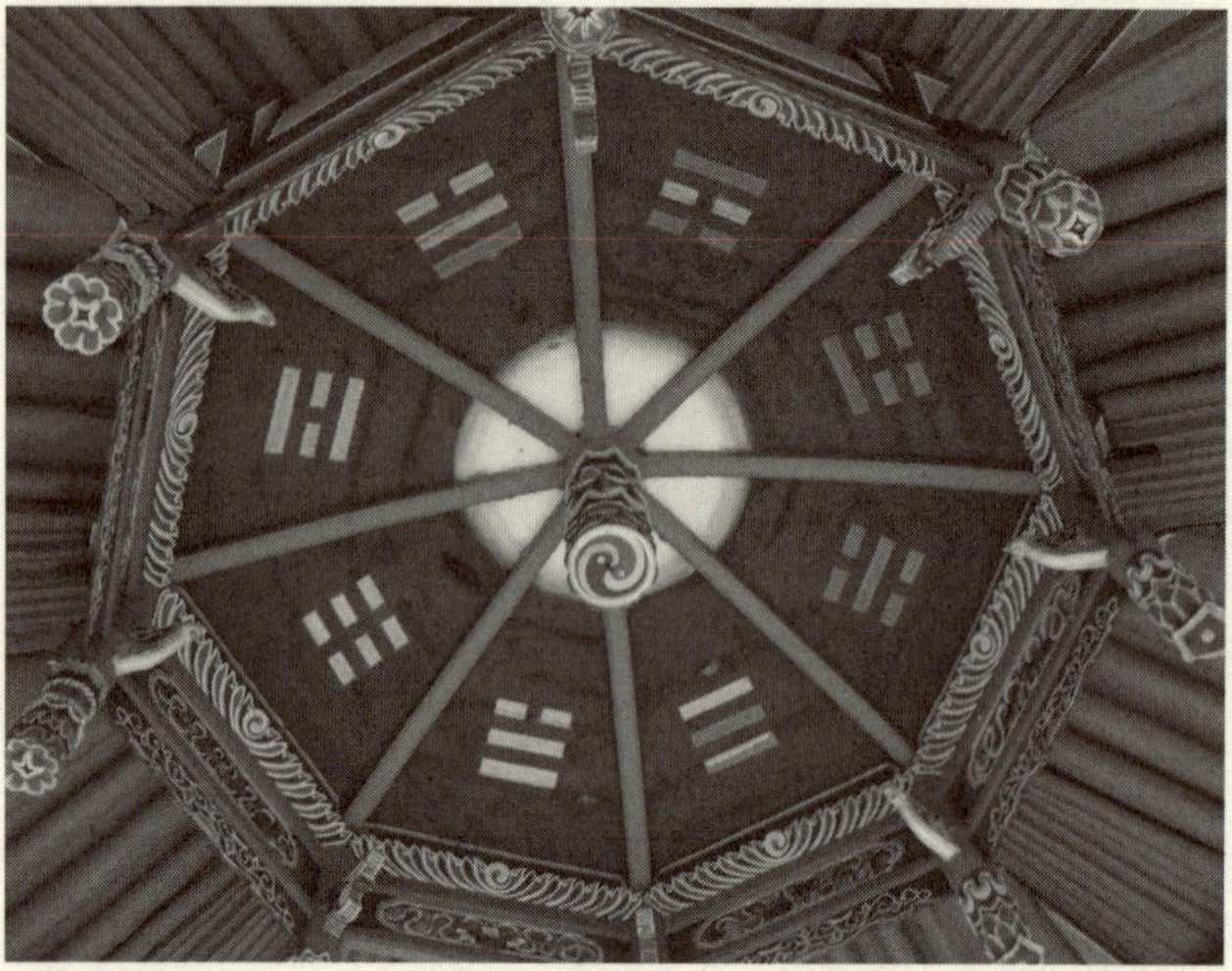

諸葛亮の戦略のもととなったとされる八卦図が八卦亭に描かれている（五丈原にて）

また、中国で古くから伝わる占術の一種・奇門遁甲（八門遁甲）で用いられた遁甲盤に記された八門が、『演義』に記された休・生・傷・杜・景・死・驚・開の八門と同様であるところから、羅貫中は正史に記された「八陣の図」のわずかな文面に、奇門遁甲の八門を当てはめて奇想天外な話に仕上げたものと思われる。この八門のうち、休門・生門・開門が大吉、景門が中吉で、残る傷門・杜門・死門・驚門が凶であるが、羅貫中はこれをさらに面白くするために、陸遜が凶である死門から入ったため抜け出られず、黄承彦が吉である生門へと案内して生還させたというような話に仕立てあげたのである。

ちなみに、紀元前４世紀頃の兵法家で孫武の子孫と言い伝えられている孫臏《そんぴん》が記した『孫臏兵法』下篇に「十陣」が記されているが、こちらは現実的な戦術を記したものである。前軍が敵兵を食い止めている間に、左右の部隊が敵を包囲するという「方陣」や、あらゆる方面からの攻撃を防ぎながら敵の隙を突くという「円陣」、前進するかと思えば後退するなどして敵を翻弄する「疎陣」をはじめ、長期戦に持ち込むための「数陣」、精鋭を以て敵陣を突破する「錐行陣《すいこう》」、両翼の騎馬隊の射撃を以て敵を分断させる「雁行陣」、前列が敵からの正面攻撃を食い止めている間に左右の部隊が攻め込むという「鈎行陣《こうこう》」、さらには部隊を矢継ぎ早に交代させて長時間の戦線を維持しようとする「玄襄陣《げんじょう》」、文字通り辺り一帯を火の海にして敵を混乱させる「火陣」、水上に陣を構えて時間をかけて敵軍を分断させるという「水陣」など、実に多彩な陣形について解説している。２２３ページでは孫臏よりも百年も前に活躍した孫武の兵法について記したが、孫臏は孫武よりもより実践的であったことが、この「十陣」の一例を見てもよくわかる。言い換えれば、孫武は戦略家、孫臏は戦術家であったということができる。仮にこれを三国時代の人物に当てはめてみれば、諸葛亮が孫武同様の戦略家で、曹操が孫臏同様の戦術家であったと言い換えることができそうである。

謎 三国時代は暗黒の世だった？

真実は？

人口が7分の1にまで落ち込んでしまった三国時代は、まさに、暗黒の世の中だったのである！

三国時代といえば、『三国志演義』だけでなく、正史『三国志』に記されたように、多くの猛将、智将が最大限の能力を発揮して、中国全土を所狭しと駆け巡っていた激闘の歴史であったことは間違いない。ただし、それは反面、戦火が打ち続いて多くの罪もない人々が、まるで虫けらのように殺されていった時代であったことも見逃してはならない。武将同士の一騎打ちがどうのこうのというばかりでなく、史実を直視することも忘れてはならないのである。

戦場において殺されていった兵士たちの多くは、なりたくて兵士になったわけではなく、兵役によって無理矢理連れてこられた人たちがほとんどであった。ひとたび戦場に出れば、

孫権が危機を脱した逍遥津での様子（合肥の逍遥閣内のジオラマ）

無事戻ってこられる保証などどこにもなかった。董卓配下であった李傕《りかく》・郭汜《かくし》が長安を占拠した際には、略奪の限りを尽くしたことで人々が飢餓に陥り、互いに喰らい合うほどであったという。虐殺といえば曹操の徐州大虐殺が有名であるが、父の恨みを晴らすためとして殺された何万人もの人たちにとって、曹操は奸雄というにも値しない、ただの虐殺者としてその目に映ったに違いない。漢王朝再興を標榜して天下太平を求めたという劉備さえ、結局は無謀な「夷陵の戦い」へと突き進んで、何万という兵士の命を奪って不幸を招いた。人の生死にスポットをあてて見直してみれば、三国時代とは英雄たちが闊歩《かっぽ》していた華やかな時代だったのではなく、権力欲に取り憑かれた一部の支配者たちが自らの支配欲に突き動かされて多くの人民を苦しめた暗黒の世だったのである。

三国時代が人々にとっていかに生き辛い世の中だったのかは、人口変遷を見てみるとよくわかる。例えば、前漢時代の終わり頃の人口は、『漢書』地理志によると、6000万人ほどだったという。王莽が簒奪した新王朝（8〜23年）建国の混乱期には一時的に2000万人にまで落ち込んだが、後漢時代には再び5650万人まで回復した（あくまで『晋書』地理志による）。それが、動乱が打ち続く三国時代に突入すると、人口は一気に減少。263年の魏の人口は443万人（『通典』による）。同年の蜀の人口は94万人（『蜀記』による）、孫和が太子となった242年の呉の人口は230万人（『晋陽秋』による）で、魏呉蜀あわせても767万人にしかならない。後漢王朝時代の5650万人から、わずか数十年の間に、7分の1にまで落ち込んでしまったのだ。当時は流民の数も多かったから、統計に入らない人もいたはずであるが、それを差し引いたとしても、この数字の格差は異常である。その多くが、兵士として命を落としたり、戦火が長引いて農地が荒れたことで食糧不足が起きて多くの人が餓死したりしたことも容易に想像できる。いかにこの時代が住み辛い世の中であったか、この数値がはっきりと物語っているのである。

また、魏呉蜀の人口比率を時代別に比較してみることでも、意外な一面に気付かされる。魏は前漢時代に中国全土の78％もの人が住んでいたにもかかわらず、三国時代には50％にまで減少している。逆に、呉は14％から30％へ、蜀も8％から20％へと上昇した。これは魏の中心ともいえる中原がたびたび戦火に巻き込まれたため、この地域の住民たちが比較的戦乱の少ない南方の長江流域や、天然の要害に守られた蜀へと流出していったことが原因だ。そういえば、漢中において曹操は「鶏肋」という謎の言葉を残して撤退したことがあったが、実は曹操がすでに漢中の住民を魏へと強制移住させた後であったため、住民のいない漢中の土地など、鶏肋同様とりたてて重要なものではないと、ドヤ顔で言ったものだったのである。

敗走中の曹操軍。泥沼で踏みつけられる兵士たち（ドラマ『三国志 Three Kingdoms』©中国伝媒大学電視制作中心、北京東方恒和影視文化有限公司）

謎 正史『三国志』に記された日本とは？

真実は？

男は皆入れ墨をして海に入り、長生きで百歳の人もいたという！

正史『三国志』は、中国の動向だけでなく、朝鮮半島周辺の国々や日本の状況までをも詳しく記した壮大な歴史書であった。「魏書」の最後に記された「烏丸鮮卑東夷伝」がそれで、烏丸、鮮卑、扶余、高句麗、東沃沮《よくそ》、挹婁《ゆうろう》、濊《わい》、韓などに続いて、倭、つまり日本のお国事情を垣間見ることができるのだ。この倭人に関する記事は、「魏書烏丸鮮卑東夷伝倭人の条」を略して、一般的には「魏志倭人伝」と呼ばれるものである。現存する日本最古の正史である『古事記』や『日本書紀』は、残念ながらその頃の日本を神話の世界に閉じ込めてしまったため、きわめて曖昧模糊としたものになり、真実の姿を知ることができないのが現実である。これに対して、正史の記述は、国の所在地から人口、気候、政治、産業

イザナギとイザナミの国生み神話の舞台ともされる沼島の上立神岩

をはじめ、人々の衣食住や風習、習慣にいたるまで、事細かに記載しているのが特徴的で、日本の3世紀後半までの歴史を知るための事実上唯一とも言える資料なのである。

では、そこに記された倭人とは、いったいどのような人たちであったのだろうか？ 実のところ、それを詳細に見ていくと、「本当に日本のことなのだろうか？」と首をかしげたくなるような記述が続いているのである。何はともあれ、「魏志倭人伝」の記述に従って、詳しく見ていくことにしたい。書き出しの行程記事に関しては、次項で検証するとして、ここでは、行程記事に続く「男子は皆、

神々が集ったとされる天安河原。スサノオがアマテラスと誓約を交わしたところでもある

大小の身分の差に関係なく入れ墨をしている」という記事から見ていくことにしたい。

まず、男は皆入れ墨をしているという記事自体に驚かされる。入れ墨をするのは、水に潜って魚を穫る際、大魚や水禽《すいきん》、つまり水鳥から身を守るためであったという。男は皆髪を結い、木綿で頭を巻いている。女はお下げ髪にしたり束ねたりし、衣服は単衣のようにしているが、中央に穴を開けて頭から被るようにしているが、裸足のままであったというのが気になる。真冬でも、この姿のままだったのだろうか？　それとも、今よりもずっと暖かかったのだろうか？

次いで、夏冬にかかわらず、生野菜を食べ、高坏《たかつき》を用い、手づかみで食べる。ちゃんとした家に住み、父母兄弟で寝床を異にする。人々は長生きで、１００歳だとか80～90歳の人もいるというのも驚きだ。人が死ぬと10日あまりもがり（本葬の前の仮りの儀式）をするが、その間肉を食べず、死人の側で暮らすという。死体を10日も放置していればウジがわいて異常な状態になっていると思われるが、そのあたりはおかまいなしである。棺に入れて土を盛り上げて塚を造る。埋葬が終わると人々は水中に入って身体を洗い清めるというようなことまで記されている。さらには、有力者には4～5人の妻がいるが、妻たちが嫉妬することはない。人々は盗みをせず、訴訟沙汰も少ないと、おおむね良好な印象で書き記されているのだ。真珠や青玉、丹などを産しているが、生姜や山椒、ミョウガなどがあるにもかかわらず、その美味しさを知らないという当時の日本人の食生活にいたるまで、こと細かに記しているのである。ただし、陳寿が直接日本に来て、自分の目で確かめた記事でないことはいうまでもない。その元となった情報源ですら、又聞きで記されたものであることが予測されるため、必ずしも真実が記されているとは限らないということも頭に入れておきたい。

謎 正史『三国志』が邪馬台国論争の火付け役だった？

真実は？

陳寿が記した行程記事の曖昧さが、邪馬台国論争を巻き起こした！

前項に引き続いて、「魏志倭人伝」について検証してみたい。今回は、倭国への行程記事である。実は、この行程記事の不正確な記述が大問題で、後世、邪馬台国《やまたいこく》がどこにあったのかをめぐって大きな論争を巻き起こしたからである。ともあれ、その冒頭の文面から見ていくことにしよう。

まず、初っぱなから奇妙な文面に遭遇する。原文は「倭人在帯方東南大海之中」で読み下してみると「倭人は帯方の東南の大海の中にある」となる。その最初の「倭人」を国名と読むか、倭の国の人と読むのかが不明であるが、いずれにしてもおかしな話である。国名としても、「倭人」とは奇妙な名前である。また「倭の国の人」と読めば、「人が大海の中にある」ということになり、これまた奇妙である。この後の記事で「倭人」が登場することはなく、「倭」あるいは「倭国」の表記に変わるというのも、何やら謎めいている。一字一句極めて正確に記すことに熱心だった陳寿が、１つの国名を記すのに、倭人、倭、倭国という文字を適当に思いついたまま各所に記載していたとは思い難く、陳寿が何らかの意図をもって記したのではないかと想像できるのである。この点に注目したのが邪馬台国についての著書もある作家の松本清張である。同氏によれば、朝鮮半島南部と北九州に倭という同一の種族が住んでいたといい、この２つの倭を区別するために、便宜上、朝鮮半島の方を倭とし、北九州の方を倭人としたのではないかと見ているのだ。

話を行程記事に移そう、まず、帯方郡から海岸に沿って船で進み、朝鮮半島南端にある狗邪韓国《くやかんこく》までが７千里、ここから海を渡って対馬国まで千里、南へと航海を続けると、千里で一大国、さらに千里で末盧《まつら》国にたどり着く。そこから陸路で５００里行くと伊都国に着く。ここまで、水陸あわせて１万５００里の行程である。

『邪馬台国』藤井勝彦 著
「魏志倭人伝」に記された記事をどう読み解くか？　諸説を踏まえ様々な観点から、古代日本誕生の謎を検証している。

問題はここからの表記である。「水路10日、陸行１月で邪馬台国に到着する」と、実にあいまいな記事が記されているからである。最後に、帯方郡から邪馬台国までトータルで1万2千里としているところから、この数値を行程距離と見なせば、伊都国から邪馬台国まで1500里ということになる。

ちなみに、ここでいうところの1里をどう見るかも大問題である。本来、漢代の1里はおよそ400m。これをそのままこの記事の数値に当てはめてみると、とてもおかしなことになる。帯方郡から邪馬台国までの距離である1万2千里は4800kmとなり、日本を遥かに越えてしまうことになるからだ。この謎を解くために浮かび上がったのが魏の1里76～77mの数値である。この数値を当てはめてみると、912～924kmとなり、行程距離とすれば九州エリアに落ち着く。これはとても近畿圏内の大和まで行ける距離ではない。しかし、これを直線距離と見なせば、大和がちょうどその位置にあたるのである。個々の数値にも当てはめてみよう。狗邪韓国は、韓国の南東端釜山周辺と見なされているが、ここから邪馬台国まで5

卑弥呼の墓の可能性が高いともいわれる奈良県桜井市の箸墓古墳

日本最大級の環濠集落である佐賀県の吉野ヶ里遺跡

千里、つまり380〜385㎞となれば、九州エリアから大きくはずれることはなく、大和説が否定されることになる。問題はさらに続く。狗邪韓国に続く対馬国は対馬島、一大国は壱岐島、末盧国は唐津、伊都国は福岡県糸島郡内というのが多くの識者が認めるところであるが、そこからの行程記事である水行10日、陸行1月をどう見るかが大きな課題なのである。福岡から船で10日、歩いて1ヶ月となると、九州エリア内に収まることができるのか、はたまた、当時の交通事情を鑑みれば、果たして大和までたどり着くことができるのか、侃々諤々の議論が噴出したまま、未だ結論が出ないままなのである。さらに、邪馬台国から東に千里（76〜77㎞）海を渡ると別の国がある。その南へ船で1年ほどのところに裸国と黒歯国があるというくだりでは、もはや当てはまるところも見当たらず、ますます謎が深まるばかりだ。陳寿も実に罪深い書き方をしてくれたものであると、つい恨みたくなってしまうのである。

劉備と諸葛亮の君臣合祀の祠堂へ

劉備の後ろに諸葛亮が祀られるという
奇妙な配置も特徴的。

武侯とは諸葛亮のこと。武侯祠といえば、いうまでもなく諸葛亮を祀った祠堂であることは間違いない。しかし、成都にある武侯祠は、諸葛亮だけでなく、その主君にあたる劉備をも祀るという君臣合祀の祠堂であるところが大きな特色である。

入口に近いほうが、劉備を祀った漢昭烈廟で、その奥に諸葛亮を祀った武侯祠があり、さらにその奥に劉備、関羽、張飛の三義兄弟を祀った三義廟があるという不思議な配置関係で成り立っている。配置関係はともかく、武侯祠は臣下の礼をとって、一段低く作られているのが興味深い。さらに、武侯祠の西にある朱色の壁を伝って歩いていった先にあるのが、劉備の墓・恵陵である。

また、漢昭烈廟の手前両脇には、蜀の文臣や武臣たちの塑像が立ち並んでいるほか、岳飛が筆記したという「出師の表」の木刻も展示されているなど見どころが尽きない。さらに、武侯祠を出た左手には三国時代を彷彿とさせる古風な街並・錦里古街が再現されているので散策してみるのも楽しい。

人だかりが絶えない漢昭烈廟入口

三義廟内の劉備、関羽、張飛

劉備の墓である恵陵

紀行
諸葛八卦村
龍門鎮
上村

今も三国志の英雄たちの子孫が暮らす村がある！

魏の曹操、呉の孫権、蜀の諸葛亮
今は彼らの子孫が近くで暮らしていた。

三国時代といえば、いまさらいうまでもなく、魏呉蜀の三国が三つ巴の戦いを繰り広げてきた時代である。互いに敵対するもの同士……であるはずである。それが、千数百年もの時を隔てた現在、その三国の要人たちの子孫が、まるで隣り合うかのごとく近い距離のところに住んでいるとしたら、どう思われるだろうか？　実のところ、これは事実である。

場所は杭州の南、蘭渓市へと連なる街道沿いである。まず杭州市の南隣の富陽市に孫権一家の本籍地・呉郡富春の龍門鎮。そのすぐ近くに、曹操の末裔・曹元四が移り住んだ上村がある。龍門鎮は人口7000人のうち９割が孫姓で、孫氏宗祠を祀って暮らすという歴とした孫氏の村である。一方の上村も、人口1400人中、９割が曹姓で、町の中にはやはり曹氏宗祠がある。

この富陽市から、さらに南下した蘭渓市には、諸葛亮の子孫が暮らす町として古くから知られていた諸葛八卦村がある。こちらは中国全土に暮らす諸葛亮の子孫１万人のうちの４割が暮らすという。何でも諸葛亮の孫・京の子孫が戦火を逃れてこの地にたどり着いたのだとか。諸葛亮が編み出した八卦陣の陣形を模したという町の造りも特徴的である。

上村にある曹氏宗祠

孫権の本籍地である龍門鎮の孫氏宗祠

諸葛亮の子孫が暮らす諸葛八卦村の中心

あとがき

三国時代といえば、日本はまさに邪馬台国の時代である。同時代に、かの中国では正史『三国志』ばかりか、その数百年も前には、すでに司馬遷の手によって『史記』までもが編纂されて、古代史の全貌がほぼ手に取るように明らかにされている。それなのに、我が国では邪馬台国のありかさえ不明のままというお粗末さである。その一因は、いうまでもなく、歴史書に対する史家たちの資質の差にある。『史記』を記した司馬遷を引き合いにだすまでもなく、中国では多くの心ある史家たちが、時には権力者に反してでも、史家としてのあるべき姿を可能な限り貫こうとした。正史『三国志』を編纂した陳寿も、晋の官吏としての立場を踏まえて、うわべは魏を正統とする形式をとりながらも、権力に歯向かってでも真実を伝えようとした形跡が随所に見受けられるのである。

一方、我が国はどうか？　日本最古の歴史書とされる『古事記』や『日

本書紀』を見ても、そこにどれだけの史実が記されているのか、心もとない。編者は権力者に媚びて歴史を改ざんし、曖昧模糊とした書きようによって読み手を煙に巻いてしまった。おかげで、日本の古代史は、いまだ解明されること少なく、不明なことだらけである。「事実をありのまま記さなくてはならない」という史家としてのあるべき姿が、ついぞ日本で芽生えることがなかったというのは、哀しむべきこととといわざるを得ない。「本当のことが知りたい！」との思いにかられて本書を書き進めるために正史『三国志』を手にする度に、嘆いたのが、この一点であった。

　ともあれ、三国時代のことを知るには、まず、正史『三国志』を精読することが重要である。三国志ファンの嗜好も、これまでの『演義』一点張りから脱し、ようやく史実に目を向け始め、その重要性を認識し始めて正史のことも大いに語られるようになってきたことは嬉しい限りである。本書もその期待に少しでも応えられれば幸いである。

三国志の謎研究会
正史である『三国志』を基にして、前漢末期から三国時代に関するあらゆる情報を徹底的に研究している歴史系のライター集団。正史だけではなく、物語である『三国志演義』や、そこから派生した映像作品、小説などにも精通しており、それらの作品と正史の差異、モチーフにされている正史の事柄などを記録し、日々その内容を研究している。

◆装丁・本文デザイン・DTP　佐藤遥子
◆画像提供　株式会社エスピーオー

本当はこうだった！
三国志の嘘と真実

2017年2月22日 第1刷発行
2020年10月21日 第3刷発行

著　者　三国志の謎研究会
発行人　蓮見清一
発行所　株式会社宝島社
〒102-8388
東京都千代田区一番町25番地
営業　03-3234-4621
編集　03-3239-0928
https://tkj.jp

印刷・製本　株式会社光邦

Printed in Japan
ISBN978-4-8002-6576-0